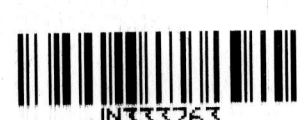

すぐに▼役立つ

仕訳と勘定科目の基本と実践トレーニング151

公認会計士 三好 和紗 監修

三修社

はじめに

会社や商店などでは、各事業年度の経営成績や財政状態を表すために決算書を作成します。決算書の役割は、経営成績や財政状態を外部に伝えることだけではありません。決算書を分析することによって現在の経営状況を把握でき、今後の経営計画の策定に役立てることもできます。決算書は経営者の心強い味方なのです。では、この決算書はどのようにして出来上がるものなのでしょうか。

本書のタイトルにもある「仕訳」とは、取引を２つ以上の勘定科目を用いて帳簿に記録することです。また､「勘定科目」とは、仕訳によって記録された金額が何であるかを表現するための名前です。決算書のベースとなっているのは、日々の取引を記録した仕訳です。一事業年度の仕訳の集合体を整えることで、その年度の決算書が完成します。

このような決算書を作成するためにも、販売取引や購入取引といった日頃の取引について、仕訳という形できちんと記録していく必要があります。そして仕訳を作成するためには、仕訳のルールや仕訳を構成する勘定科目の特徴を理解する必要があるのです。

本書は、仕訳の理解や作成をめざしている人のために、仕訳の基本から解説した入門書です。第１章、第２章では、そもそも仕訳や勘定科目とはどういうものなのか、決算書はどのように読めばよいのかといった、簿記の基本事項について解説しました。また、第３章から第６章にかけてのページでは、決算書に登場する具体的な勘定科目の紹介と、それぞれの勘定科目にまつわる仕訳のトレーニング問題を掲載しています。そして第７章では、仕訳からどのように決算書を作成するのかを解説しています。

一冊通読していただくことで、簿記のしくみから、基本的な仕訳および決算書の作成までを理解できるような構成になっています。

本書を通して、皆様のお役に立つことができれば幸いです。

監修者　公認会計士　三好　和紗

Contents

第４章　貸借対照表「負債の部」のおもな勘定科目の仕訳

第５章　貸借対照表「純資産の部」のおもな勘定科目の仕訳

第6章　損益計算書のおもな勘定科目の仕訳

第1章

仕訳と勘定科目の基本

本章項目5「ケース別　仕訳のパターンを知っておこう」のトレーニング問題につきましては、紙面の関係で、トレーニング問題に対する解答を書き込むための解答欄のスペースが十分に確保できていない箇所があります。解答していただく際には、余白などをご利用ください。

1 簿記と仕訳の全体像について知っておこう

ルールに従って仕訳をする

簿記とは何か

会社や商店では、毎日お金やモノの出入りがあります。仕入や販売によるモノの収支、また売上や支払いによる金銭の収支など、数限りない種類の取引があります。それらを一定のルールに従って正確に記録・集計・整理して、最終的に決算書を作成するまでの一連の作業を**簿記**といいます。

企業は、原則として１年に一度、決算書を作成します。これは、企業の１年間の営みによっていくら儲け（または損し）、財産がどう変化したかを明らかにするためです。決算書のおもなものは貸借対照表と損益計算書です。貸借対照表は、企業の一定時点（おもに決算日）における財政状態を表し、損益計算書は、企業の一会計期間における経営成績を表します。これらの決算書の完成が簿記の最終目的となります。

取引を帳簿に記入することが簿記

簿記ができなければ経理担当は務まりません。経理担当の仕事はすべて簿記が基本となるからです。

簿記とは、会社のお金の出し入れを帳簿という専用の帳面に記入する作業を指します。また、帳簿を見れば、誰でも会社のお金の動きが一目でわかるようになっている必要があります。したがって、簿記には、厳格なルールがあります。このルールを覚えることが簿記を勉強するということなのです。

簿記では、取引を帳簿に記入する際、帳簿を左右に区別して記録します。帳簿の左側を**借方**、右側を**貸方**とし、取引ごとに仕訳を借方と貸方の両側に分けて記録します。

また、それぞれの取引の内容ごとに名前をつけて仕訳をします。この名前を**勘定科目**といいます。１つの取引は２つ以上の勘定科目で構成され、借方と貸方の金額は必ず一致します。

決算書類の構成

仕訳は簿記のスタートです。そして、決算書の完成が簿記の最終目的であると前述しました。では、仕訳はどのように決算書に結びついていくのでしょうか。

決算書類の貸借対照表や損益計算書は、「資産」「負債」「純資産」「収益」「費用」の５つの要素によって構成されています。

貸借対照表は、「資産」「負債」「純資産」で構成され、（借方）「資産」＝（貸方）「負債＋純資産」になります。一方、損益計算書は、「収益」「費用」で構成され、（借方）「費用（＋利益）」＝（貸方）「収益」になります。

すべての取引は、２つ以上の勘定科目を使って借方と貸方に仕訳しなければなりません。勘定科目は、「資産」「負債」「純資産」「収益」「費用」の５つの要素のどれかに分類されます。

■ 貸借対照表と損益計算書 ………………………………………………

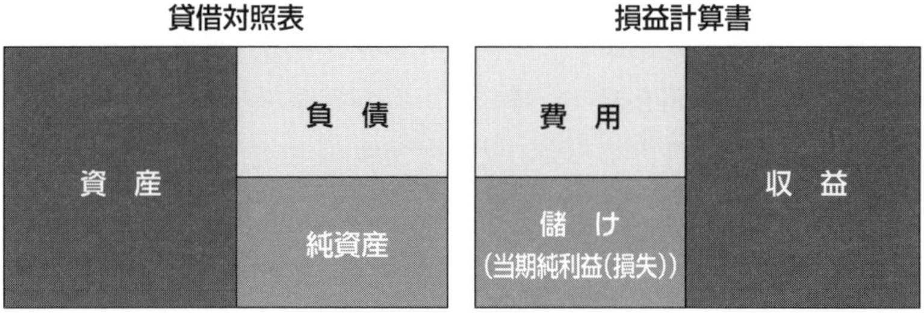

2 借方・貸方のルールを覚えよう

取引ごとに左（借方）と右（貸方）の両側に分けて記録する

簿記と仕訳

簿記には、ルールの違いによって**単式簿記**と**複式簿記**の２種類があります。家計簿を代表例とした単式簿記とは異なり、「財産の増減まで見えるように、モノやお金の出入り」を把握できるのが複式簿記です。

複式簿記では、取引を帳簿に記入する際、帳簿を左右に区別し、取引ごとに左（借方）と右（貸方）の両側に分けて記録します。これを仕訳といいます。また、それぞれの取引を記録する際は、内容別に名前（勘定科目）をつけます。１つの取引は左右合わせて２つ以上の勘定科目で構成されます。

借方・貸方とはどんなものか

複式簿記で記帳するということは、お金の「取引」を記載することです。複式簿記は、日付、借方、貸方、金額、適要の順に項目が設定されています。

借方と貸方は、取引による財産の変動を「原因と結果」の関係で表すものです。借方と貸方のルールとして、まず、借方には財産の増加、貸方には財産の減少が入るということを覚えておくとよいでしょう。以下で家計簿を複式簿記にした場合の記載例を示します。

金の購入で10万円を使った時には、借方と貸方の「金額」の項目に10万円と記載し、借方に「金（財産の受領）」と書きます。「私が金という財産を得た」からです。さらに、貸方には「金の購入代金（現金）」と記載します。金を購入できる理由は、「私が金の販売会社に現金10万円を支払った（販売会社が現金10万円を受領した）」からです。

この場合、借方と貸方の金額は同じになるということが重要です。これは、複式簿記の基本中の基本ですので、忘れないようにしましょう。

なぜ１つの取引を２つの側面で考えるのか

お金は、湧いて出てくるものではありません。反対に突然、消えてなくなるものでもありません。お金が入ってくる際には、働いたり、借金したりという理由やきっかけがあるのです。また、働いて得たのであれば、財産ですし、借金をして得たのであれば、負の財産です。一方、お金が出ていく際には、必ず代わりに何かが手に入るはずです。手に入ったものが金の延べ棒であれば、お金は財産に変わったわけですし、家族旅行であれば、旅行代金が出ていく代わりに家族旅行というサービスを得たことになるわけです。したがって、「財産の増減まで見えるように、お金の出入りを把握する」には、お金が入ってきた際にはその理由やきっかけを、出ていった際には、そのお金が何に変わったのかまで記載すればよいことになります。

複式簿記はこれを実現しました。同じ入金でも、借金で得たのか、働いた結果、給料として得たのかが明確にわかるように記載できます。出金の場合も同じです。お金が出ていった代わりに、家族旅行に行ったのか、それとも金の延べ棒を購入したのかが明確にわかるように記載できます。

■ 複式簿記の例

● 現金10万円を使って金を購入したケース

借　　方		貸　　方	
金（財産の受領）	100,000	金の購入代金（現金）	100,000

借方と貸方の金額は同じになる

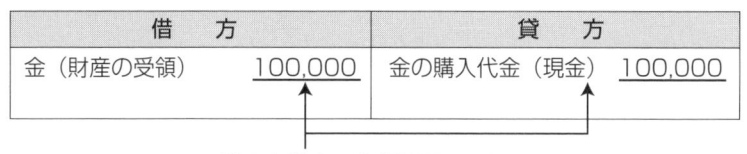

3 勘定科目について知っておこう

出入りしたお金を大きく５つのカテゴリーに分類する

勘定科目とは何か

勘定科目とは、出入りしたお金につけられた見出しのようなものです。会社のお金を管理する場合、いつ、誰が見ても、何に使ったお金なのか、またはどこから入ってきたお金なのかがわからなければなりません。お金の動き一つひとつに見出しをつけて整理すれば、時間が経っても、別の人が見たとしても、その内容が明らかになります。これが、勘定科目が果たす重要な役割だといえます。

複式簿記の「財産の増減まで見えるようにモノやお金の出入りを明確にする」という目的を果たすためには、「誰が見ても一目で取引がわかるようにする」ということが大切です。これを実現するために、勘定科目は取引のカテゴリーごとに設定します。

勘定科目を設定する際は、まず、具体的な取引をカテゴリー別に分け、その次にそれぞれのカテゴリーに沿うような勘定科目を設定します。この作業自体は、それほど困難ではありません。たとえば、家計簿の場合、入金の場合の勘定科目は「収入」と「借入れ」、出金の場合の勘定科目は「食費」「光熱費」「家賃」「ローン」「娯楽費」などと設定すればよいでしょう。こうすれば、家族旅行による出費も、家族で映画を見にいったときの入場料も「娯楽費」という１つのカテゴリーに入れることができ、支出内容が一目でわかるようになります。

家計簿の場合、子供がいる家庭、いない家庭、大家族、核家族など、家庭の形によって取引の仕方も変わりますので、それに応じて勘定科目も変わります。会社も同じです。業種、業態によって、取引方法や内容が違いますので、勘定科目も異なります。ただ、家庭と大きく異なるのは、会社の場合は、株主や債権者、取引先などの利害関係者が多いということです。そのため、厳格に決められているわけではないものの、会社の勘定科目は利害関係者の誰が見ても一目で取引がわかるように配慮する必要があります。

勘定科目は大きく分類することができる

勘定科目は、大きく分けて５つのカテゴリーに属します。それは「資産」「負債」「純資産」「収益」「費用」の５つです。資産とは「財産」、負債とは「借金」、純資産とは「資本金」、収益とは「収入」、費用とは「収入を得るために使ったお金」のことです。会社の取引は、この５つのカテゴリーの中のどれかに必ず入ります。

ただ、この５つのカテゴリーだけに取引を分類してしまうと、今度は、あまりにシンプルになりすぎて、かえって実態が見えなくなってしまいます。たとえば、資産といってもその中身は現金、手形、土地、在庫などいろいろあります。これらを十把一からげに「資産」として記載しても、会社の実際の姿はわかりません。

一方、５つのカテゴリーは、究極の簡素化を行った結果生み出されたもので、非常に重要なものだといえます。たとえば、負債の金額が資産の金額よりも多ければ、その会社は「債務超過（借金が財産よりも多い状況)」とわかります。５つのカテゴリーに絞り込んだことで、会社の状況が「一目で」判断できるようになるのです。

そこで、実際の簿記では、これら５つの大きなカテゴリーの中にさらにいくつかの勘定科目を設定して記帳します。そうすることによって、会社の実態を含めて取引が「一目でわかる」ようになるのです。

「資産」の勘定科目

おもな勘定科目としては、現金や当座預金、普通預金などお金そのものを表すものや、受取手形（一定の期間経過後に支払人を通じて代金を受け取ることができる約束をした書状)、売掛金などの売上債権、未収入金（本業のビジネス以外で発生した債権)、貸付金（貸しているお金)、商品（在庫）などがあります。また、事業のために購入した土地、建物、車両運搬具、備品なども資産となります。なお、出資金や有価証券などの投資も資産となります。

「負債」の勘定科目

おもな負債の勘定科目としては、支払手形（一定の期間経過後に支払人を通じて代金を支払う約束をした書状）や買掛金（ビジネス取引によって発生した債務）のような仕入債務や借入金の他、未払金（本業のビジネス以外で発生した債務)、預り金（預っているお金）などがあります。

「純資産」の勘定科目

株主からの出資金額を表す勘定科目として、資本金、資本剰余金などがあります。利益の蓄積は利益剰余金という勘定科目で表します。また、少し難しい話になりますが、会社の株式を自ら買い戻す場合があります。その場合、自己株式という勘定科目を用いて純資産の一部にマイナス表示することになっています。

「収益」の勘定科目

売上（本業のビジネスによる収入)、受取利息（銀行預金などから発生する収入)、受取配当金（保有する株式から発生する収入)、雑収入（本業のビジネス以外で発生した収入）などがあげられます。つまり、事業活動による収入の項目になります。

「費用」の勘定科目

費用に該当するおもな勘定科目としては、仕入、給料、通信費、交通費、水道光熱費、旅費交通費、租税公課、支払利息などが挙げられます。費用の勘定科目は特に種類が多く、会社の業態によってその内容は大きく異なります。たとえば製造業の場合、材料費や燃料費などがありますし、サービス業の場合には仕入がありません。取引の発生に応じて、たとえば広告宣伝費、研究開発費、消耗品費、交際費というように任意で勘定科目を設定することになります。

旅費交通費は、社員が仕事で使った移動のためのすべての費用を指

■ 資産・負債・純資産の勘定科目とその内容

資産の勘定科目	
現金	通貨、通貨代用証券
預金	預金、貯金（郵便局）
受取手形	通常の営業取引により受け入れた手形
売掛金	商品、製品、半製品などの未収の販売代金・請負工事の未収代金など
商品	販売目的で外部から仕入れた物品など
短期貸付金	得意先、仕入先、関係会社、従業員などに対する貸付金で、決算日から１年以内に返済予定のもの
未収入金	固定資産、有価証券などの売却代金の未収額
建物	事業用の店舗、倉庫、事務所等の建物
車両運搬具	営業用の鉄道車両、自動車その他の陸上運搬具
負債の勘定科目	
支払手形	営業上の買掛債務の支払いのために振出した約束手形や引き受けた為替手形
買掛金	原材料や商品の購入により生じた仕入先に対する債務
短期借入金	銀行から借り入れた設備資金、運転資金、個人からの借入金、取引先、親会社からの借入金などで、決算日から１年以内に返済予定のもの
未払金	買掛金以外の債務で、固定資産の購入代金や有価証券の購入代金などの未払額
長期借入金	返済期限が決算日から１年超の借入金
純資産の勘定科目	
資本金	会社設立時の出資金や増資払込などのこと
資本剰余金	株式発行時に生じた株式払込剰余金などのこと
利益剰余金	獲得した利益のうち、内部に留保されているもの
自己株式	買い戻した自社の株式

します。交通機関の違いは関係ありません。広告宣伝費は、会社の広報のために使った費用です。媒体の違いは関係ありません。会議費は、会社の中で行う会議の費用の他、取引先との商談で使用した費用も入ります。会場の確保の費用、飲食費用、会議に使用したプロジェクターの使用料、会議の資料の作成費用など、会議に必要な費用はすべて会議費に入ります。租税公課は、税金のことです。会社にかかる税金は租税公課に含まれますが、法人税などのように経費（損金）として認められない税金もあります。地代・家賃は、土地や事務所などを借りる費用です。また、交際費は、取引先への接待や、贈り物などに要する費用です。

■ 損益計算書のおもな勘定科目

収益の勘定科目	
売上	物品の販売やサービスの提供によって生じた収入
受取利息	金融機関の預貯金利息、国債、社債などの有価証券利息など
受取配当金	株式、出資、投資信託等からの配当金の収入
費用の勘定科目	
仕入	販売用の物品等の購入代金
役員報酬	取締役、監査役に対する報酬
従業員給与	従業員に対する給料、賃金、各種手当
旅費交通費	通勤や業務遂行に必要な出張旅費など
接待交際費	取引先など事業に関係のある者に対する接待、慰安、贈答などのために支出される費用
会議費	会議用の茶菓、弁当、会場使用料
通信費	切手、はがき、電話、ファックス費用など
消耗品費	事務用品などの物品の消耗によって発生する費用
水道光熱費	水道料、ガス料、電気代など
地代家賃	建物、事務所、土地の賃借に要する費用
租税公課	印紙税、登録免許税、不動産取得税、自動車税、固定資産税など
減価償却費	建物や車両運搬具など固定資産の取得価額を費用化したもの
支払利息	金融機関からの借入金利息、他の会社からの借入金利息など

4 資産・負債・純資産・収益・費用と仕訳について見てみよう

借方・貸方のどちらに記載するかは仕訳の対象と対象の増減で決まる

各勘定科目をどのように仕訳していくのか

それでは、いよいよ具体的に、勘定科目を用いた仕訳について見ていきましょう。実際に仕訳をする前に押さえておきたい仕訳のルールがあります。取引の仕訳には借方と貸方がありますが、どちらに記載するかについては仕訳の対象が何なのか、またその対象が増えたのか、減ったのかによって決まります。

具体的には、資産が増えたときは借方に、減ったときは貸方に記載します。反対に、負債が増えたときは貸方に、減ったときは借方に記載します。純資産も負債と同じく、増えた場合は貸方に、減った場合は借方に記載します。売上などの収益項目については、その収益が発生した時は貸方に記載します。一方、売上原価などの費用が生じた場合は、借方に記載することになります。

では、前項目までに見てきた勘定科目をふまえて、実際に仕訳をしてみましょう。

手持ちの現金100万円で商品を製造するための工作機械を購入したとします。その場合、仕訳は以下のようになります。

（借方）機械装置 1,000,000円／（貸方）現金 1,000,000円

資産が増えた場合、借方にはその増えた資産を記載します。この場合、「工作機械」という資産が増えたわけですから、借方には工作機械を含むカテゴリーである「機械装置」を入れます。一方で、資産が減った場合は、その減った資産を貸方に記載します。この例では、「現金」という資産が減ったわけですから、貸方には「現金」と記載します。

このように借方には増加した資産を、貸方には減少した資産を記載します。

一方、銀行から現金100万円を借り入れた場合の仕訳は以下のようになります。

（借方）現金 1,000,000円／（貸方）借入金 1,000,000円

先ほどの工作機械を購入したときの例と同じく、借方には増えた資産を記載します。この場合、現金という資産が増加したため、借方には「現金」100万円が記載されています。一方、この現金を手に入れるために、借入金が増加しています。負債が増加した場合は、貸方にその負債を記載します。この場合、「借入金」という負債が増加したわけですから、貸方には「借入金」100万円を記載します。

ここで、重要なことがわかると思います。手持ちの現金で工作機械を購入した場合は、借方の「機械装置」も、貸方の「現金」も同じ「資産」のカテゴリーに含まれます。したがって、購入前と購入後で資産の金額に変化はありません。しかし、借入れをした場合は、借方の「現金」は資産ですが、貸方の「借入金」は負債になるのです。したがって、この場合は、現金を借り入れた時点で、会社の資産は100万円増えた一方、負債も100万円増えたことになります。

次に、純資産に係る仕訳について見ていきます。貸方に純資産の勘定科目がある仕訳の場合は純資産の増加、反対に借方にある仕訳の場合は純資産の減少を意味します。

たとえば資本金の増額分として普通預金に100万円の入金があった場合、以下のような仕訳になります。

（借方）普通預金 1,000,000円／（貸方）資本金 1,000,000円

貸方に「資本金」という純資産の勘定科目があるので、この仕訳によって純資産が100万円増加したことがわかります。一方、借方の「普通預金」は資産の項目なので、同時に資産も100万円増加しています。

収益と費用は損益計算書を構成する勘定科目ですので、会社の損益

に影響します。たとえば得意先へ商品を販売した場合の仕訳、仕入先から商品を仕入れた場合の仕訳、経費の支払いを行った場合の仕訳などがこれに該当します。

では具体的な仕訳の例で見ていきましょう。

収益項目が貸方に発生すると、収益の増加を意味します。

たとえば得意先へ商品を販売して現金1万円を受け取った場合は、以下の仕訳になります。

（借方）現金 10,000円／（貸方）売上 10,000円

この場合、収益である「売上」が増加したと同時に、資産である「現金」も同額だけ増加していることがわかります。

また、費用項目が借方に発生すると、費用の増加を意味します。たとえば従業員の給与20万円を現金で支払った場合、以下のような仕訳になります。

（借方）従業員給与 200,000円／（貸方）現金 200,000円

ここでは、「従業員給与」という費用が借方に記載されているために、当該費用が増加していることがわかります。同時に、「現金」が貸方に記載されていることから、資産である「現金」が減少していることがわかります。

このように、仕訳をすることによって、取引ごとに勘定科目が借方と貸方に振り分けられ、最終的には決算書が作成されることになります。

具体的には、日次単位ないし月次単位で仕訳を集計して各勘定元帳に集計金額が転記されます。これを今度は勘定元帳ごとに再度集計して勘定ごとの一定期間におけるフロー総額と一定時点におけるストックを求めます。そのフロー（取引による増減金額の総額）とストック（最終的な残高）は、いったん合計残高試算表（T/B）の形にまとめられます。その上で勘定科目を表示用に組み替えて、貸借対照表と損益計算書が作成されることになります。

5 ケース別　仕訳のパターンを知っておこう

機械装置を購入した場合や現金を借り入れた場合に資産が増加する

取引と仕訳の具体例

貸借対照表の勘定科目である「資産」「負債」「純資産」と、損益計算書の勘定科目である「収益」「費用」について、借方側に変動を与える事情をもとに分類すると、①資産が増加する取引、②負債が減少する取引、③純資産が減少する取引、④費用が発生する取引に分けることができます。

以下、取引と仕訳の具体例について見ていきましょう。

パターン1　資産が増加する取引の例と仕訳

資産が増加する取引としては、機械装置を購入した場合や現金を借り入れた場合、販売をした場合などがあります。仕訳においては、増加した資産に該当する勘定科目を借方に記載します。また、資産が増加した場合は、同時に、ⓐその他の資産が減少する、ⓑ負債が増加する、ⓒ純資産が増加する、ⓓ収益が発生するというパターンが考えられます。仕訳では、それぞれのパターンに応じ、該当する勘定科目を貸方に記載することになります。

トレーニング問題①－1（その他の資産の減少）

300万円の車両を現金で購入しました。

（解答欄）解答→182ページ

借方科目	金額	貸方科目	金額

トレーニング問題①−2（その他の資産の減少）

普通預金から現金５万円を引き出しました。

（解答欄）解答→182ページ

借方科目	金額	貸方科目	金額

トレーニング問題②（負債の増加）

現金200万円を銀行から借り入れました。

（解答欄）解答→182ページ

借方科目	金額	貸方科目	金額

トレーニング問題③（純資産の増加）

株式発行によって150万円の資本金の払込みを受け、普通預金に預け入れました。

（解答欄）解答→183ページ

借方科目	金額	貸方科目	金額

トレーニング問題④−１（収益の発生）

商品を売ったことにより、現金１万円を受け取りました。

（解答欄）解答→183ページ

借方科目	金額	貸方科目	金額

トレーニング問題④−２（収益の発生）

掛取引により商品３万円を販売しました。

（解答欄）解答→184ページ

借方科目	金額	貸方科目	金額

トレーニング問題④－3（収益の発生）

貸付金の利息3000円が普通預金に振り込まれました。

（解答欄）解答→184ページ

借方科目	金額	貸方科目	金額

パターン2　負債が減少する取引の例と仕訳

負債が減少する取引として、借入金や社債といった負債を返済または償還する取引があります。このように借入金や社債といった負債が減少する場合は、同時に、返済または償還の資金である預金や現金などの資産が減少します。また、社債の償還資金に充てるために借入れを行った場合は、負債（社債）が減少すると同時に他の負債（借入金）が増加することになります。

仕訳では、負債が減少するときは借方に記入します。また、負債の減少に伴って減少する資産や増加する負債については、該当する勘定科目を貸方に記入します。

トレーニング問題⑤（資産の減少）

借入金120万円を普通預金により返済しました。

（解答欄）解答→184ページ

借方科目	金額	貸方科目	金額

トレーニング問題⑥－1（負債の増加）

社債500万円を償還するために、借入れを行いました。

（解答欄）解答→185ページ

借方科目	金額	貸方科目	金額

トレーニング問題⑥－2（負債の増加）

未払いとなっている給与から、社会保険料として1万5000円を預かりました。

（解答欄）解答→185ページ

借方科目	金額	貸方科目	金額

パターン3　純資産が減少する取引の例と仕訳

純資産は、株式と交換に株主から払い込まれた資本金や今までの利益の蓄積である繰越利益剰余金などから構成されています。純資産が減少する取引としては、株主に配当を行うことや、会社が発行した株式を自ら取得すること（自己株式の取得）などがあります。

仕訳においては、純資産が増えるときは貸方に、減るときは借方に記入します。

トレーニング問題⑦－1（資産の減少）

現金により繰越利益剰余金から株主へ200万円の配当を行いました（このケースでは、源泉所得税および配当による利益準備金または資本準備金への積立ては考慮しません）。

（解答欄）解答→186ページ

借方科目	金額	貸方科目	金額

トレーニング問題⑦−2（資産の減少）

自己株式80万円を取得し、対価を普通預金から支払いました。

（解答欄）解答→186ページ

借方科目	金額	貸方科目	金額

トレーニング問題⑧（負債の増加）

300万円の配当を行うことを株主総会で決議しました。

（解答欄）解答→187ページ

借方科目	金額	貸方科目	金額

パターン4　費用が発生する取引の例と仕訳

事業活動を行っているとさまざまな費用が発生します。代表的なものは、商品の仕入れにかかる費用でしょう。その他にも、贈答品の購入代などの交際費や、従業員への給与・賞与、借入金にかかる支払利息など、さまざまな費用があります。そして、費用が発生するときは、必ず資産の減少または負債の増加を伴うことになります。

仕訳においては、発生した費用は借方に記入します。また、資産が減少した場合および負債が増加した場合は、貸方に記入します。

トレーニング問題⑨−1（資産の減少）

電気代１万円を普通預金から振り込みました。

（解答欄）解答→187ページ

借方科目	金額	貸方科目	金額

トレーニング問題⑨－2（資産の減少）

建物の減価償却費50万円を計上しました。

（解答欄）解答→187ページ

借方科目	金額	貸方科目	金額

トレーニング問題⑩－1（負債の増加）

当年度分の従業員への給与80万円が未払いになっています。

（解答欄）解答→188ページ

借方科目	金額	貸方科目	金額

トレーニング問題⑩－2（負債の増加）

掛取引により、材料を280万円仕入れました。

（解答欄）解答→188ページ

借方科目	金額	貸方科目	金額

トレーニング問題⑩－3（負債の増加）

売掛金に対して、貸倒引当金50万円を計上しました。

（解答欄）解答→189ページ

借方科目	金額	貸方科目	金額

6 伝票や証憑書類の扱いはどうすればよいのか

伝票は簿記の仕訳に準じて記入し、振替伝票は摘要欄を活用する

会計帳簿にはどんなものがあるのか

取引を行う時には、内容や金額などを取引先へ通知したり、取引の事実を記録として残しておくために、書類を作成します。この書類のことを、**会計帳票**といいます。会計帳票のうち、1つの取引ごとに単票形式で作成したものを会計伝票、現金取引、手形取引など一定の取引のみを集めて、その履歴を時系列で記録したものを会計帳簿といいます。

おもな会計帳簿には、総勘定元帳、補助元帳、現金出納帳、仕訳（日記）帳、預金出納帳、手形帳、売掛帳、買掛帳などがあります。これらの他にも、会社の業務形態に応じて、さまざまな会計帳簿が存在します。

伝票の種類

発生した取引は、そのつど仕訳帳に記録する場合と、伝票によって記録し、作業の分担と効率化を図る場合があります。仕訳帳も伝票も、総勘定元帳への転記のもとになります。伝票会計制度は、何種類の伝票を使用するかにより1伝票制、3伝票制、5伝票制があります。伝票の種類としては、以下のものがあります。

①仕訳伝票 … 仕訳帳の代わりに記録する個々の取引
②入金伝票 … 現金の入金に関する取引
③出金伝票 … 現金の出金に関する取引
④振替伝票 … 現金に関係のない取引
⑤売上伝票 … 売上に関する取引

⑥仕入伝票 … 仕入に関する取引

パソコン会計で伝票を処理する場合の注意点

一昔前は会計といえば、伝票そのものを綴りこみ、帳簿への記載を不要とした伝票会計が多く用いられていました。最近では省力化や多くの企業でパソコンが導入されたことから、パソコン会計がおもな会計方法となっています。独自のパソコン会計を使用している企業では、伝票も独自のものを使用する場合もあり、中には省力化が進み、ペーパーレスで伝票形式のデータのみを画面の中で作成するという会社もあります。このように、形式はさまざまですが、基本的なしくみはすべて共通しているといえます。

パソコン会計でも多くの場合、取引の一つひとつを伝票に記録します。振替伝票などに記録した内容を、会計ソフトに入力するという方法です。データを打ち込んでさえおけば、たとえば売上や仕入の状況など、知りたい情報を容易に確認することができるというメリットがあります。ただし最初の記録の段階で誤りがあると、すべての帳票に影響が出てしまいます。書き写す作業の場合では気づくような誤りでも、画面で見ると案外見過ごしてしまうものです。データのもととなる伝票などを作成、入力する際には十分注意をする必要があります。

伝票の書き方

伝票とは、取引ごとに取引の日時、取引した物、取引した量、取引

■ 伝票制

1伝票制	仕訳伝票
3伝票制	入金伝票、出金伝票、振替伝票
5伝票制	入金伝票、出金伝票、振替伝票、売上伝票、仕入伝票

の金額を記したカードです。前述した6種類の伝票には、いずれも、取引日、領収書や請求書など取引の証拠となる書類の№、取引先の名前、勘定項目、取引金額、取引の内容（摘要）、消費税といった記入項目が並んでいます。会計担当者はそれらの項目に必要事項を記入していくわけです。これが「伝票を起こす」という作業です。伝票は、取引が発生したごとに毎日、起こすことになります。それぞれの伝票は、簿記で決められている仕訳方法に準じて記入を行いますが、パソコン会計の振替伝票入力では**摘要欄**を上手に活用しましょう。

摘要欄を上手に活用するには、おもに「取引の日」「取引を行った役職員名」「経費の目的や内容」「支払った取引先の会社名や担当者名等」「支払先の詳細やどこで費用が発生したのか」「単価など支払金額の詳細」の項目を記入しておきます。ただし、すべての伝票にこれらをこと細かく記入する必要はありません。明らかに目的がわかるものについては、記入を省略してもよいでしょう。

領収書を受け取ることができない場合の対応

日常の取引の中で、相手方から受け取る領収書や納品書などの取引の証拠となる書類（証憑書類）は記録として経理上重要な書類です。その一方で、慶弔金や公共交通機関での切符など、領収書の発行されないケースもあります。領収書を受け取ることができない場合には、明細を記入した証明書類が必要になります。特定のフォームを作成し、必ず本人に書いてもらうようにします。

・慶弔金等の場合

招待状や会葬礼状など、出席や参列した証拠となる書類に金額を書いて保存します。

・電車やバスなどの交通費

交通費精算書などに利用した交通機関、経路、金額の明細を書いて保存します。

・その他の場合

支払証明書などに支払事由を書いて保存します。

伝票・証憑書類の整理

伝票や証憑《しょうひょう》書類の整理は、月別、日付順に通し番号をつけ、ノートなどに貼り付けて保存するのが一般的です。これ以外にも科目別に整理する方法があり、それぞれ日付順、内容別、相手先別に整理します。整理した書類については、法律で定められた期間中は保存しなければなりません。

入金伝票と出金伝票の仕訳

伝票といっても、項目にただ必要事項を書き込めばよいというわけではありません。伝票に記入する際は複式簿記の原則に従う必要があります。つまり、仕訳作業が必要なのです。入金伝票と出金伝票で重要なことは、勘定科目の項目が１つしかない点です。複式簿記であれば、借方と貸方の２つの勘定科目があるはずです。しかし、**入金伝票**は現金が会社に入ってくる取引を記録する伝票で、**出金伝票**は会社からお金が出ていく取引を記録する伝票と、初めから目的が決まっています。したがって、入金伝票の借方は現金、出金伝票の貸方は現金と初めから決まっていることになります。そこで、「現金」の勘定項目、つまり入金伝票の借方および出金伝票の貸方の勘定項目を省いているのです。

それでは、入金伝票と出金伝票の具体的な記入方法についてみていきましょう。まず、33ページの「入金伝票」の図を参考にしながら、入金伝票の記載方法をみていきます。設例は、10,000円の商品を販売し、代金を現金で受け取った場合です。複式簿記の仕訳では以下のように処理します。

（借方）現金 10,000円／（貸方）売上 10,000円

入金伝票では、借方が「現金」であると決まっていますから、貸方の勘定科目である「売上」のみを勘定科目欄に記入します。金額は借方・貸方とも同額の１万円となります。合計欄は、書き足しなどによる不正を防ぐ役割もありますので、忘れずに記入しましょう。そして、日付・Noなどその他の必要事項も記入します。入金先は、商品を販売した相手先の名前です。ただし一般消費者へ商品を販売する小売業の場合、固定客以外は特に記入しないことが多いようです。摘要欄には販売した商品名などを記入します。

次に、33ページの図を参考にしながら、出金伝票の場合の記載方法をみていきます。1,500円の文房具を現金で購入した場合を設例としています。文房具は、一般的には「事務用品費」に分類されます。複式簿記の仕訳では、以下のようになります。

（借方）事務用品費 1,500円／（貸方）現金 1,500円

出金伝票では、貸方が「現金」と決まっています。そのため、借方の勘定科目である「事務用品費」のみを勘定科目欄に記入します。金額および合計欄は、借方・貸方とも同額で1,500円です。そして、日付・Noなど残りの項目を記入していきます。出金先は、文房具を購入した店の名前などを記入します。摘要欄には、たとえば「文房具」や、さらに具体的に「ボールペン」など、出金した内容について後から見ても分かるように具体的に記入します。

振替伝票の仕訳

前述した入金伝票と出金伝票は、物やサービスの取引と同時にその代金である現金も取引されるというケースでした。しかし物やサービスの取引と現金の取引との間に時間差がある場合や、現金が動かない取引の場合は、これらの動きを入金伝票や出金伝票で表現することができません。そこで活用されるのが**振替伝票**です。振替伝票は、現金取引以外の取引に関して記載する伝票です。勘定科目の項目が２つあ

るということ以外は、入金伝票や出金伝票と変わりありません。

下図の「振替伝票」の図を参考に、たとえば売掛金1万円が会社の当座預金の口座に振り込まれた場合の設例で、記載方法を見ていきましょう。

複式簿記の仕訳では以下のようになります。

（借方）当座預金 10,000円／（貸方）売掛金 10,000円

振替伝票のフォームには、「借方科目」「貸方科目」両方の記入欄と金額欄があります。つまり複式簿記の仕訳をそのまま表示させたものであるといえます。借方に「当座預金」1万円、貸方に「売掛金」1万円と記入し、摘要欄には入金先の得意先や商品名などを記入します。

■ 入金伝票・出金伝票・振替伝票

入金伝票

入金伝票	承認		担当者	

平成○年○月○日

No.	入金先 X商店 様

勘定科目	摘 要	金 額
売上	○○	10,000
合 計		10,000

出金伝票

出金伝票	承認		担当者	

平成○年○月○日

No.	出金先 Y商店 様

勘定科目	摘 要	金 額
事務用品費	文房具	1,500
合 計		1,500

振替伝票

振替伝票	No.	承認		担当者	

平成○年○月○日

金額	借方科目	摘 要	貸方科目	金額
10,000	当座預金	○○○○	売掛金	10,000
10,000	合 計			10,000

後は入金伝票や出金伝票と同様、日付・No・合計などの必要事項を記入すると完成です。

発生主義の考え方

企業会計原則の中で収益と費用の計上する時期を次のように規定し、明らかにしています。

「すべての費用および収益はその支出および収入に基づいて計上し、その発生した期間に正しく割り当てられるように処理しなければならない。ただし、未実現収益は、原則として、当期の損益計算に計上してはならない」

つまり、会計期間に発生した費用をその会計期間の費用として計上しなさいということです。この「発生」とは現金の支払いがあったかどうかにかかわらず、その支払いの対象となるモノの受け渡しやサービス（役務）の提供を受けたことを意味します。このような費用の計上基準を**発生主義**といいます。

費用は現金の支払いの時期とモノの受け渡しやサービスの提供を受ける時期とにズレが生じることがあります。たとえば、3月決算の会社が事務所を賃借していたとします。この会社は決算日までに2月までの11か月分の家賃を現金で支払いました。この場合、実際に現金で支払った11か月分の家賃だけを費用に計上する考え方を**現金主義**といいます。発生主義に基づいた場合には、たとえ3月分の家賃は現金で支払っていなくても賃借している（役務の提供を受けている）わけですから、決算の時には3月分の家賃も計上しなければなりません。

実現主義の考え方

一方、収益は実現主義により計上するものとされています。実現主義とは、収益が実現した時点、つまり実際に商品や製品を販売し、その対価である現金や売掛金、受取手形などを受け取った時点をもって収益を計上する基準です。原則として「未実現収益」は、当期の損益計算に計上してはならないと規定されています。もし、売上高などの収益を「発生主義」に基づいて計上した場合には、売上が計上された後に対価を回収できないことが判明するおそれもあります。これでは客観性のない金額で資金的裏付けのない売上が計上されることになりかねません。そのため、収益の計上は、費用の計上基準である発生主義よりも厳しく定められています。

収益の計上時期となる「販売」がいつの時点で行われたことになるのか、ということについては納品基準や検収基準などいくつかの基準があります。しかし、いずれにしても収益の計上は、費用の計上よりも慎重に行うことが求められているということがいえるでしょう。

費用収益対応の原則とは

正しい期間損益を計算するためには、収益と費用を期間的に対応させて一会計期間の利益を計算することが要求されます。これを**費用収益対応の原則**といいます。つまり、当期に実現した収益に対して、それを得るために要した発生費用を対応させて損益計算をするのです。この費用と収益の対応形態には、次の２つのものがあります。１つは「個別対応」です。つまり収益を獲得するために要した費用を、その獲得した収益に完全に対応させる方法です。具体的には売上高とそれに対応する売上原価がこれにあたります。もう１つは「期間対応」です。売上原価については、収益と費用を対応させやすいため、「個別対応」が可能ですが、すべての費用について「個別対応」することは困難です。「個別対応」のように売上高のような特定の収益に費用を対応させるのではなく、一会計期間に計上した収益に対し、同一会計期間に発生した費用を対応させる方法が「期間対応」です。減価償却費の計上などがこの対応形態です。

7 総勘定元帳と補助簿について知っておこう

主要簿から決算書が作成される

総勘定元帳と補助簿の役割

帳簿には、簿記の基礎となる主要簿と、その主要簿の記録を補う補助簿があります。総勘定元帳は、仕訳帳とともに重要な主要簿で、現金の動きや残高、増減した取引の内容が示されます。これらの主要簿をもとにして決算書（貸借対照表・損益計算書）が作成されます。また、補助簿には、補助記入帳と補助元帳があり、主要簿作成の明細を示す補助的な役割を持っています。

① 総勘定元帳の作成

勘定科目ごとに仕訳をまとめた帳簿を総勘定元帳といいます。**総勘定元帳**は、仕訳帳に書いた仕訳を勘定科目別に書き写すことで作成されます。この書き写す作業を転記といいます。

② 補助簿の種類

補助簿には「補助記入帳」と「補助元帳」があります。補助記入帳は、特定の取引についての明細な記録を行う帳簿をいい、補助元帳は、特定の勘定についての明細を記録する帳簿です。補助簿には多くの種類があり、各会社で必要に応じた補助簿を決定します。

総勘定元帳から貸借対照表と損益計算書への振分け

一般的に試算表という場合は合計残高試算表を指し、貸借対照表と損益計算書のセットをいいます。この試算表は日々の仕訳処理が仕訳帳から各勘定科目ごとの総勘定元帳へ展開され、各勘定科目の総勘定元帳から貸借対照表と損益計算書へ振り分けられることにより完成します。

■ 補助簿の種類

補助記入帳	
現金出納帳	現金の入金・出金・残高の記録
当座預金出納帳	当座預金の預け入れ・引き出し・残高の記帳
小口現金出納帳	小口現金の収支の明細を記録
仕入帳	仕入れた商品・製品・材料と金額の記帳
売上帳	販売した商品・製品・サービスと金額を記帳
補助元帳	
商品有高帳	商品の出入りと残高を記録
仕入先元帳	仕入先ごとに仕入れた商品・製品・材料・数量・金額を記帳 / 買掛金の支払いを記帳
得意先元帳	得意先ごとに販売した商品・製品・サービス・数量・金額を記帳／売掛金の回収を記帳

■ 帳簿の分類

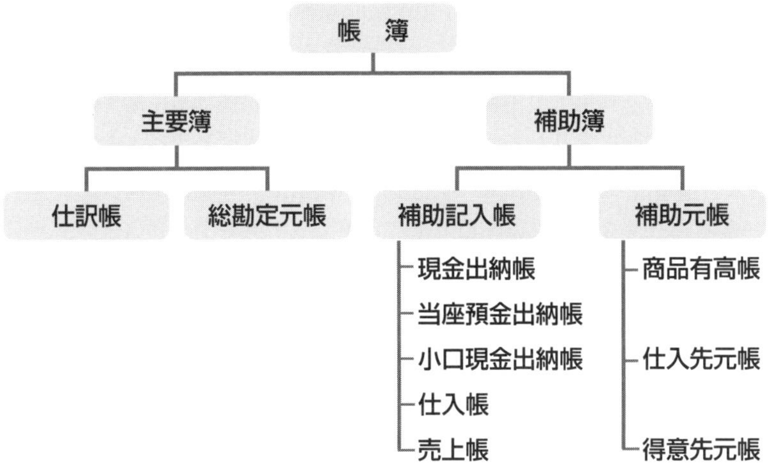

Column

パソコン利用環境下での会計処理

総勘定元帳や補助元帳、現金出納帳、仕訳（日記）帳など会計帳簿と一言でいっても多種多様の帳簿組織（帳簿体系のこと）が考えられます。会計伝票も用途によってさまざまです。これらは日々の取引を記録し、集計するための会計ツールで、貸借対照表、損益計算書などの決算書類を作成する基礎資料になります。

決算書作成の作業を手作業で行うと、記帳から決算書作成まで相当な事務負担が伴うように思えますが、現在では、中小企業でもパソコンによる記帳が主流です。業種、規模によって何通りも構成が考えられる帳簿組織ですが、実は会計の世界はコンピュータに元来よくなじむため早くから高機能な経理用アプリケーションが多数登場しています。

パソコンが今ほど普及していなかった時代とは異なり、今では、経理の手順を知らなくても、何がしかの取引や残高に関するデータをパソコンに入力すれば、正しいかどうかは別として必要帳票類、決算書類が出力されます。会計事務所に頼まずに企業自らがパソコンで記帳しても、手作業による際のように集計転記に手間はかかりません。決算の精度は、ひとえに日々の取引データ入力の正確性と適時性に負うところが大きいといえます。

ただし、会計ソフトを利用し、パソコンで記帳する場合であっても、会計特有のチェック項目は手作業もパソコンも同じですから、集計、転記の正確性チェックの負担がなくなる分、決算内容の整合性（たとえば償却資産と減価償却費）など、数値間の分析をしておくことが大切です。

第2章

決算書のしくみ

1 決算書はどのように作成するのか

経理と会計は異なる

決算と経理の関係

決算とは、一定期間に会社が行った取引を整理し、会社の経営成績および財政状態を明らかにするための手続のことです。この決算を行うためには、経理業務が必要になります。

経理とは、会社の行った取引を記録することです。経理の目的は、会社の儲けや財政状態を把握することにあります。このことで、会社内部の経営者や管理者は会社の経営状態を知り、今後の経営戦略を決定することができます。また、経理が作成した情報は外部に報告する必要があります。この報告書が決算書です。

経理と会計は違う

複式簿記では、一つひとつのお金の動きを、仕訳によりもれなくひろっていきます。この仕訳をする際に経理担当者が判断して、売上、備品代というように内容のわかる名目（勘定科目）をつけていきます。仕訳された後は、帳簿や試算表、その他の各種帳票として社内で決められた方法で整理されます。このように、複式簿記のスキルなどを用いてお金の動きを伝票や帳簿類に記録、整理することが「経理」です。一方、決算書を読めるようになるために必要なのは「会計」の知識です。**会計**とは、経理により整理された会社の状況を、会社外部の人が見てもわかるような形にするための一定のルールです。

なお、決算書作成の過程が経理、これを決算書にしていくことを会計と呼ぶ場合や、会計を含むすべてを経理と呼ぶ場合があり、経理と会計の違いについては実はいくつかの立場があるようです。

決算書にはどんなものがあるのか

決算書は、貸借対照表（BS)、損益計算書（PL)、株主資本等変動計算書（SS)、キャッシュ・フロー計算書（CF）などの書類で構成されます。

貸借対照表とは、事業年度末（当期末と表現されます）の会社の財政状態を具体的な数値で表した書類です。損益計算書は、事業年度中における会社の経営成績を数値で表した書類です。株主資本等変動計算書とは、事業年度中の純資産の変動状況を示す書類です。こうした計算書類の理解に必要な重要事項を注記としてまとめた書類を個別注記表といいます。

決算書は、会社法では計算書類と呼ばれ、金融商品取引法では財務諸表と呼ばれています。会社法は、一般投資家より株主と債権者の権利保護という側面が強く、金融商品取引法は、広く一般投資家保護の側面が強い法律です。両者の決算書は表示の上で多少の違いはありますが、内容は同じものです。

■ 経理と会計の違い

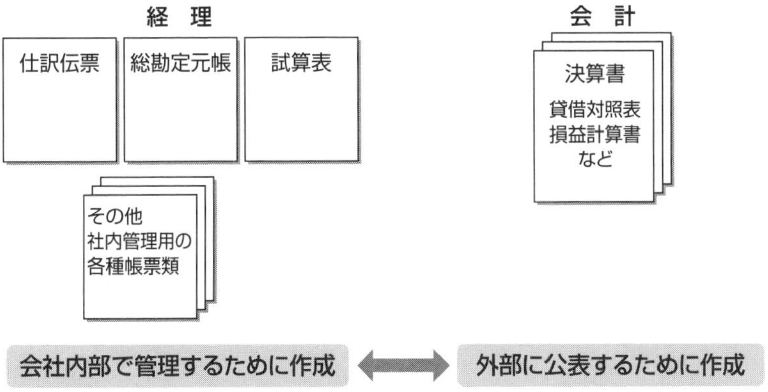

※上図は、お金の動きを伝票や帳簿類に記録・整理することを「経理」とし、経理により整理された会社の状況を会社外部の人が見てもわかるような形にするための一定のルールを「会計」とする立場に基づいて作成したもの

2 貸借対照表を見ていこう

左側に財産、右側に資金源が表示されている

貸借対照表は一定時点の財政状態を表示する

貸借対照表は、財政状態を表している表です。財政状態は月末時点、決算日時点など時間を一点に止めた状態で表されます。

決算書を「読める」ようになるための第1段階として、決算書というものに慣れるところから始めてみましょう。ここでは、貸借対照表の様式と内容を見ていきましょう。

①　タイトル・日付

貸借対照表というタイトルを一番上に表記し、次に、いつ時点の財政状態を表す表であるかを明らかにします。たとえば「平成27年3月31日現在」というように表記します。

②　資産の部・負債の部・純資産の部

貸借対照表は、「資産の部」「負債の部」「純資産の部」の3つの部分で構成されています。

資産、負債、純資産ともにそれぞれの一番下の部分に、「資産合計」「負債合計」「純資産合計」と合計額が表示されています。この合計金額から見ていくと、その会社の特徴が見えてくることがあります。たとえば資産合計5億円、負債合計1億円、純資産合計4億円の会社があるとします。まず、「この会社は、全部で5億円分の何らかの資産を持っている」ということは貸借対照表を見ればすぐにわかると思います。次に「負債が1億に対して純資産が4億円ということは、借金より自己資本の方が多い会社である」など、大まかな会社の特徴が見えてくるはずです。

「資産の部」「負債の部」「純資産の部」とは

左が資産、右上が負債、右下が純資産と、書類の型式を大まかでいいので頭に入れておきます。

まず左側の「資産の部」は会社の調達した資金の使い途を表しています。この「資産の部」の合計は、「総資産」とも呼びます。次に右側の「負債の部」と「純資産の部」は資金をどこから調達したかを表しています。会社を運営する資金を金融機関など他人から調達した資金（負債）と株式の発行により調達した資金（純資産）に分けて表示をしているのです。そして、「資産の部」は、「負債の部」と「純資産の部」の合計と常に等しくなります。貸借対照表は、下図のような構成になります。

■ 貸借対照表の構成と記載内容

貸借対照表
平成27年3月31日現在　　(単位:円)

資産の部	負債の部
I　流動資産	I　流動負債
流動資産合計	流動負債合計
II　固定資産	II　固定負債
1　有形固定資産	固定負債合計
有形固定資産合計	負債合計
	純資産の部
2　無形固定資産	I　株主資本
無形固定資産合計	1　資本金
3　投資その他の資産	2　資本剰余金
投資その他の資産合計	資本剰余金合計
固定資産合計	3　利益剰余金
	利益剰余金合計
III　繰延資産	株主資本合計
繰延資産合計	
	II　評価・換算差額等
	その他有価証券評価差額金
	評価・換算差額等合計
	III　新株予約権
	純資産合計
資産合計	負債・純資産合計

3 貸借対照表とはどんな書類なのか

「資産の部」「負債の部」「純資産の部」の３つから構成されている

貸借対照表から資金の調達源泉と運用形態がわかる

貸借対照表とは、決算日現在など一定時点の企業の財政状態を知るための決算書です。43ページで述べたように、貸借対照表の「資産の部」は、「負債の部」と「純資産の部」の合計と常に等しく、バランスがとれることから、貸借対照表は英語でバランス・シート、またはB/S（ビーエス）と呼ばれます。財政状態とは、企業がどのように資金を集めて、その集めた資金をどのような資産へと投下しているのかという資金の調達源泉とその運用形態の関係のことをいいます。企業が調達してきた資金がどのような形に姿を変えて運用されたのか、という運用形態を表すのは貸借対照表の左側の「資産の部」です。そして資金の調達源泉、つまり、どこから資金を調達したのかを表すのは、貸借対照表の右側の「負債の部」と「純資産の部」です。資金の調達先にはいろいろありますが、これらの調達資金は返済義務があるかどうかによって２種類に分けられます。たとえば、銀行からの借入金などの負債は、必ず期日には返済しなければなりません。これに対して資本金などの純資産は、返済不要の資金源になります。

このように返済義務のない調達資金を自己資本といいます。これに対して、負債は返済義務のある調達資金であるため他人資本といいます。

貸借対照表の構成

貸借対照表の左側には、「資産の部」があり、会社の調達した資金がどのように運用されているかを表しています。「資産の部」は大きく分けて「流動資産」「固定資産」「繰延資産」の３つから構成されています。また、この「資産の部」の合計は、「総資産」とも呼びます。
一方、右側は資金の調達源泉、つまりどこから調達したかを表しています。ここは「負債の部」と「純資産の部」から構成されています。「負債の部」は、返済期限の長さを基準に「流動負債」と「固定負債」に分けて表示しています。「純資産の部」は、「株主資本」と「評価・換算差額等」と「新株予約権」に分けて表示しています。「負債の部」と「純資産の部」の合計は必ず「資産の部」の合計と一致します。

左側のイメージをつかもう

「資産の部」は、会社が保有する資産の一覧表です。つまり現金そのものか、将来現金へと変わるもの、現金を使って購入したものの集まりということになります。資産の中には将来現金に変わるものと、変わらないものとがあります。たとえば手形や売掛金、運用目的の証券などは近いうちに現金に変わる可能性のある資産です。また、不動産など長期保有目的で取得した資産は、会社が処分しない限り現金化することはまずありません。土地や建物のように、投資目的以外で長期保有する資産は、処分による現金化を目的として購入したものではありません。その資産を利用することが将来の会社の収益獲得につながるために購入するのです。「資産の部」では、これらの資産について、現金化しやすいものから順に上から表示されています。

右側のイメージをつかもう

貸借対照表の右側は資金の調達源泉ということでした。つまり、お金が入ってきた原因や、将来お金を支払う理由が表示されているといえます。たとえば資本金として株主からお金を調達した、買掛金や未払金として将来支払うべき金額がある、などです。
表示としては「負債の部」と「純資産の部」の大きく2つに区分されます。負債を他人資本、純資産を自己資本ともいいます。これは、お金を「誰から」入手したのかということを意味します。他人資本ということは、他人から入手したお金です。いずれは返済しなければなりません。一方、自己資本は、言葉通り会社自身のお金です。返済する必要はありません。

他人資本である負債についても、返済期日が迫っているものと当分返さなくてよいものがあります。「負債の部」では、返済期日の早いものから順に表示されています。

両者はどう違うのか

決算書は、複式簿記を使った仕訳作業の完成形といえます。

複式簿記では、お金が入るときは左側の借方、出ていくときは右側の貸方に表示します。つまりお金は左から入って右へ出るイメージです。

これをふまえて貸借対照表を見ていきましょう。左側には、まずは入ってきた現金があります。その下にはその現金で買った物、将来現金が入ってくる予定が並びます。一方、右側にはお金を調達した原因

■ お金の流れと貸借対照表

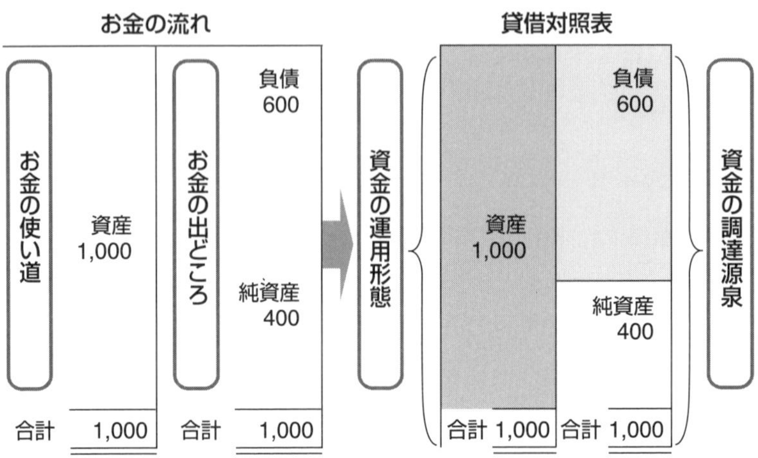

や将来お金を支払う理由が表示されていると前述しました。つまり、入ってきた、または将来入ってくる予定のお金は左側に、将来返済したり、支払う予定のお金は右側に表示されることになります。

■ 貸借対照表サンプル

貸借対照表
平成27年3月31日

(単位：円)

資産の部		負債の部	
流動資産	744,453	流動負債	304,440
現金及び預金	285,380	支払手形	9,150
受取手形	40,268	買掛金	75,210
売掛金	120,659	短期借入金	126,000
有価証券	253,618	未払金	26,500
商品	35,692	未払法人税等	18,685
前払費用	10,336	預り金	23,465
貸倒引当金	△1,500	賞与引当金	25,430
固定資産	182,971	固定負債	240,125
有形固定資産	96,366	社債	75,000
建物	72,520	長期借入金	120,000
機械装置	15,530	退職給付引当金	45,125
車両運搬具	2,356		
土地	5,960	負債合計	544,565
無形固定資産	150		
のれん	25		
ソフトウエア	125	純資産の部	
投資その他の資産	86,455		
投資有価証券	65,830	株主資本	323,000
出資金	18,560	資本金	70,000
長期貸付金	1,520	資本剰余金	53,000
長期前払費用	563	利益剰余金	200,000
貸倒引当金	△18	評価・換算差額等	35,000
		新株予約権	25,000
繰延資産	141		
社債発行費	141	純資産合計	383,000
資産合計	927,565	負債・純資産合計	927,565

4 貸借対照表はどのように読んでいけばよいのか

左右に何が書いてあるかを理解して読んでいく

貸借対照表の左側の読み方

会社は、株主や銀行などから調達した資金で、販売用の商品などを仕入れ、事務所、店舗に使用する建物や土地、コピー機、ファクシミリ、コンピュータといった備品などを購入します。こうした営業用の財産をはじめとする建物、土地、備品などの財産を資産と呼び、貸借対照表の「資産の部」に記載されます。

ただし、ランダムに列挙するわけではありません。外部の利害関係者にもわかりやすいように、一定のルールに基づいて、同じ性質を持つ資産ごとにグループ分けされています。

まずは、①流動資産、②固定資産の２つに分類され、固定資産についてはその中でも有形固定資産、無形固定資産、投資その他の資産と大きく３つの分類があります。以下それぞれの内容について見ていきましょう。

①　流動資産

流動資産とは流動性が高い、つまり現金化しやすい資産をいいます。会社の保有する資産のうち、概ね１年以内に現金として回収されるものが流動資産に該当します。代表的な勘定科目としては現金、預金、受取手形、売掛金、前払費用、商品、短期貸付金などがあります。

②　固定資産

固定資産とは、現金化に時間を要する資産のことで、１年を超えて使用したり、投資目的で長期間保有したりするような資産をいいます。

固定資産はさらに有形固定資産、無形固定資産、投資その他の資産に分類されます。

有形固定資産に該当する代表的な勘定科目としては、土地、建物、機械装置、車両、器具備品などが挙げられます。

無形固定資産に該当する代表的な勘定科目は、特許権、借地権などです。

投資その他の資産に該当する代表的な勘定科目は、投資有価証券、子会社株式、長期貸付金などがあります。

この貸借対照表の左側からつかむことができることとして、たとえば総資産の内訳が流動資産1億、固定資産4億であれば、固定資産が多く、不動産などの投資にお金をかけたのかもしれないと推測できます。流動資産4億、固定資産1億であれば、運転資金が潤沢にある会社だという見方もできます。

貸借対照表の右側の読み方

右側の部分は資金の出所を表していて、①「負債の部」と②「純資産の部」に分かれています。

①　負債の部

会社は、株主から集めた出資金だけでは足りない場合に、銀行などの金融機関からお金を借りて事業を継続していきます。社債を発行して集めた資金、金融機関などから借り入れた資金は、当然のことながら、その返済期日までに返済しなければならない義務があります。

また、商品を現金払いではなく、「掛け」といわれる後払いのしくみで仕入れる場合や、手形を振り出して支払う場合もあります。これらは決められた期日までに仕入代金を支払わなければなりません。このような将来の返済または支払義務を負債と呼び、貸借対照表の「負債の部」に記載されます。

「負債の部」についても、「資産の部」と同様にグループ分けされています。前述の流動資産と固定資産の区分方法と同様の基準によって、返済期限が1年以内のものを「流動負債」、1年超のものを「固定負債」として区分しています。

流動負債に該当する代表的な勘定科目に支払手形、買掛金、未払金、短期借入金、預り金などがあります。固定負債に該当する代表的な勘定科目には長期借入金、社債などがあります。

負債として記載された金額は、後日決められた期日までに返済しなければなりませんので、負債が減少するということは現金などの財産が減少することを意味します。したがって、負債はマイナスの財産と呼ばれています。

② 純資産の部

「純資産の部」については、項目が少ないためそのまま上から順に見ていってもよいかもしれません。貸借対照表についてもう少し勉強してからでないと難しいかもしれませんが、資本金、利益剰余金などはその会社の体力を表す重要な項目といえます。「純資産の部」は、株主が出資した金額である資本と、今までの営業活動によって獲得した利益で構成されています。常に企業は、営業活動を通して利益をあげ、最初に投入した資本を増やすことを目標にしています。

この最初に投入した資本と営業活動結果としての利益の両方が純資産と呼ばれることになります。つまり純資産＝資本＋利益という関係になります。

「純資産の部」は、資本金、資本剰余金、利益剰余金に区分されます。

■「資産の部」「負債の部」の分類

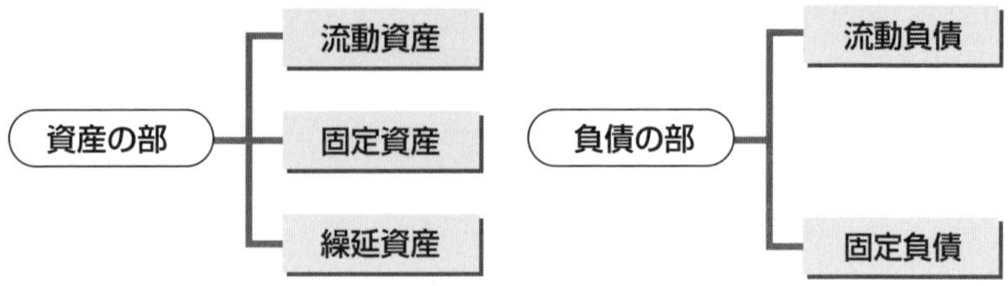

資本金とは、株主が出資したお金、つまり会社の設立や増資による新株発行に対して、株主が払い込んだ金額のことです。

資本剰余金とは、株主が払い込んだお金のうち資本金に組み入れられなかった部分をいいます。

利益剰余金とは、内部に蓄積された利益部分です。利益剰余金は会社法の規定により積み立てられる利益準備金、会社の将来に備えて任意に積み立てる任意積立金などの積立金、未処分の利益が蓄積される繰越利益剰余金などで構成されます。

貸借対照表は、資産・負債・純資産を１つの表にまとめますから、資産の状態は良好か、負債は多すぎないのか、純資産は十分かを知ることができます。会社にとっては、プラスの財産である資産が多いほどよく、マイナスの財産である負債は少ないほどよいといえます。一方、資産よりも負債の方が大きく結果的に純資産がマイナスとなっている状態を債務超過といいます。債務超過とは、たとえるのであれば、現金を100万円しか持っていないにもかかわらず借金が200万円ある状態で、借金で首が回らないという財政状態です。倒産の一歩手前ともいえるでしょう。貸借対照表を見れば、その企業が優良企業か倒産寸前の企業かを見分けるヒントを得られます。

このように、貸借対照表を「外堀から攻める」分析をしてみると、その会社の大まかな感覚をつかむことができます。そして、数字の羅

■「純資産の部」の分類

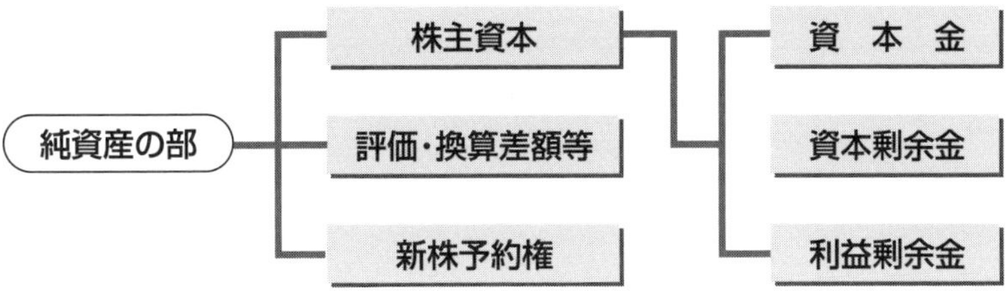

列にしか見えなかった決算書も、少しなじみやすくなるのではないでしょうか。まずは、わかるところ、知っているところだけを見るという方法でかまいません。一歩ずつ、決算書というものに慣れていきましょう。

■ 貸借対照表：左右の関係

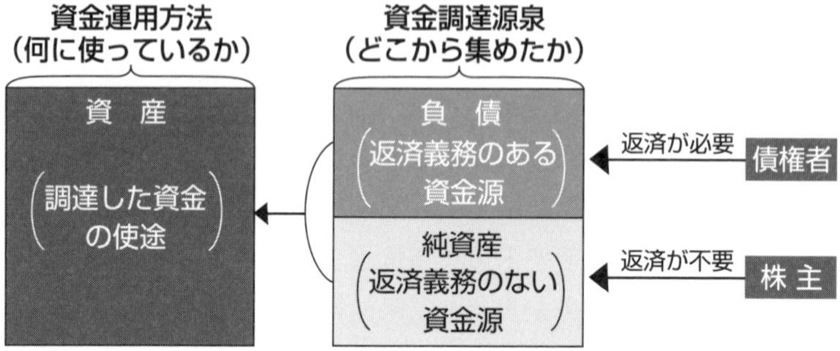

■ 負債と純資産のバランス

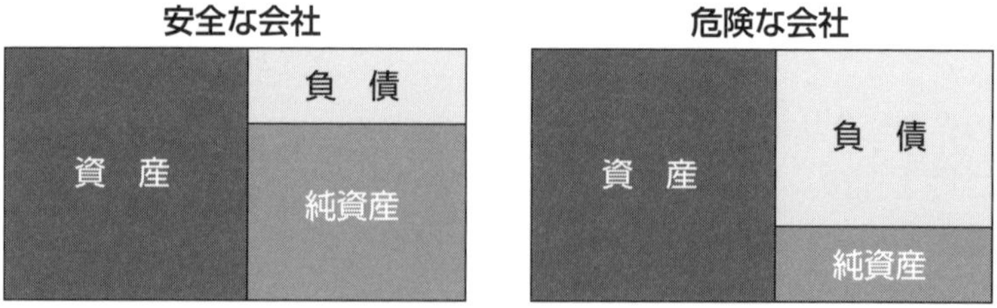

負債と純資産のバランスは会社の財政状態を見る重要な視点となる

ポイント

会社のもっている資産を負債で賄っているか、純資産で調達しているか、そのバランスが大切

5 損益計算書を見ていこう

損益計算書は、利益を導くためのプロセスを重視する

損益計算書の様式と内容はどうなっているのか

損益計算書は、収益から費用を差し引くことによって、儲けまたは損を計算する表です。損益計算書は、英語でプロフィット・アンド・ロス・ステートメント、一般的にはP/L（ピーエル）と呼ばれます。

商品を売り上げた代金や銀行にお金を預けた場合にもらえる利息などが収益に該当します。具体的には、売上、受取利息、受取配当金、有価証券利息、雑収入などです。

費用とは、簡単にいえば、収益を得るために必要なコストのことです。たとえば商品を売って儲けようとするのであれば、手ぶらでは儲かりませんので、まず商品を仕入れなければなりません。この仕入代金が売上高を得るためのコストである売上原価になるのです。

その他、広告宣伝費、従業員への給料、家賃、電気代や水道代なども必要ですので、これらすべてが収益を得るための費用（コスト）になります。では損益計算書の様式と内容を具体的に見てみましょう。

① タイトル・期間

損益計算書というタイトルを一番上に表記し、次に、いつからいつまでの期間の損益計算であるかを明らかにします。たとえば平成26年4月1日から翌年3月31日までの1年間であれば、「自平成26年4月1日至平成27年3月31日」と表記します。

② 売上・仕入・売上純利益（損失）

最も重要な売上高が一番上に表示されます。次に売上を得るために直接かかった費用である原価（売上原価）が表示されます。売上総利益は売上高から売上原価を差し引いた残額です。マイナスの場合は損

失となります。

③　**販売費及び一般管理費**

会社を運営していくのに必要な、従業員給与、事務所家賃、消耗品代などのいわゆる必要経費とその合計額が表示されます。

④　**営業利益（損失）**

②売上総利益から③販売費及び一般管理費を差し引いた後の利益（マイナスの場合損失）です。

⑤　**営業外収益・営業外費用**

預金利息や有価証券の売買で得た利益など、本業以外の副収入的な性質の収益を営業外収益といいます。同様に借入金利息など、本業以外の取引にかかった費用を営業外費用といいます。

⑥　**経常利益（損失）**

④営業利益に営業外収益を加えて営業外費用を差し引いた利益（マイナスの場合損失）です。一般的に、その会社の経営が健全かどうか、注目度の高い利益です。

⑦　**特別利益・特別損失**

土地の売却損益のような、臨時的な収益や損失をいいます。特別利益、特別損失は、まれにしか発生しないような収益・費用が表示されます。

⑧　**税引前当期純利益（損失）・法人税、住民税及び事業税・当期純利益（損失）**

⑥経常利益から⑦の特別利益、特別損失をプラスマイナスして、当期の利益（損失）の額を算出します。ただし会社の儲けには税金が課されますので、税額を計算する前の利益は「税引前当期利益（損失）」といいます。これに対してかかる税金は「法人税、住民税及び事業税」という表示をします。税引後の利益が最終的な「当期純利益（損失）」となります。

損益計算書はプロセスを重視する

損益計算書で大切なのは、当期純利益の金額そのものだけではなく、その当期純利益が導き出されたプロセスを表すことです。

つまり、①本業である商品の販売そのものでどれだけの利益を生み出せたのか、②そこから給料・家賃・水道光熱費などの費用を負担しても利益が出ているのかどうか、また、③預金等の利子・配当金の収

■ 損益計算書サンプル

損益計算書

（自平成26年4月1日　至平成27年3月31日）　（単位：円）

Ⅰ　売上高

Ⅱ　売上原価

　　売上総利益（または売上総損失）

Ⅲ　販売費及び一般管理費

　　営業利益（または営業損失）

Ⅳ　営業外収益

Ⅴ　営業外費用

　　経常利益（または経常損失）

Ⅵ　特別利益

　　固定資産売却益

　　×××

　　　　特別利益合計

Ⅶ　特別損失

　　固定資産売却損

　　減損損失

　　災害による損失

　　×××

　　　　特別損失合計

　　　税引前当期純利益（または税引前当期純損失）

　　　法人税、住民税及び事業税

　　　法人税等調整額

　　　当期純利益（または当期純損失）

入、借入金に対する支払利息などを受け取ったり支払ったりすると利益がどうなったのか、さらに、④資産を売却した利益等を加味すると利益がどうなったのかを示すプロセスです。

たとえば、本業の儲けを示す利益が大幅なマイナスで、本業以外の資産（土地や建物など）の売却益などで利益を出している会社は健全とはいえないでしょう。

損益計算書では、当期純利益が導き出されたプロセスがはっきりわかるように、収益と費用をひとまとめにしていきなり当期純利益を計算せず、段階ごとに利益（損失）を計算するようにしています。これによって、本業で利益が出ているのかどうか、どこの段階での経費がかかっているのかが判断できます。この結果を分析することによって、経営陣は、売上向上策やコスト削減策などの経営政策を打ち出して、会社経営をうまく舵取りすることができるわけです。

■ 損益計算書の計算構造

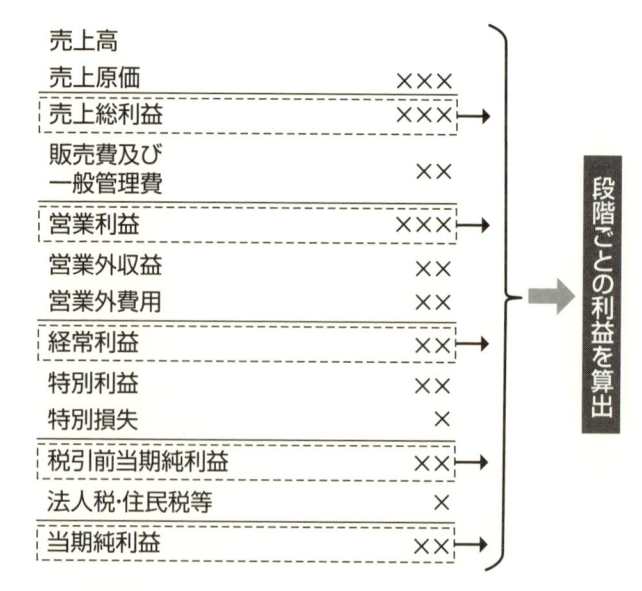

売上高	
売上原価	×××
売上総利益	××× →
販売費及び一般管理費	××
営業利益	××× →
営業外収益	××
営業外費用	××
経常利益	×× →
特別利益	××
特別損失	×
税引前当期純利益	×× →
法人税・住民税等	×
当期純利益	×× →

➡ 段階ごとの利益を算出

6 損益計算書の区分はどうなっているのか

損益計算書は企業活動の区分ごとに利益を表示している

収益・費用・利益の関係

損益計算書は、経営成績、つまり収益と費用を対応させて記載し、それらの差額である期間損益を報告するための計算書です。収益から費用を差し引いたものが利益と表現され、この関係が損益計算書の基本となっています。

これを計算式で表すと次のようになります。

収 益 － 費 用 ＝ 利 益

上の計算式における収益、費用、利益は、企業活動の種類によって、①営業活動、②財務活動、③臨時的・特別な活動の３つの段階に分けて表現されています。

営業活動の段階では売上高から売上原価を差し引いて計算される売上総利益、売上総利益から販売費及び一般管理費を差し引いて求められる営業利益を表示します。これらの利益は、企業の本業の営業活動による儲けです。

この営業利益に財務活動による受取利息、受取配当金などの営業外収益をプラスし、銀行からの借入金に対する支払利子などの営業外費用をマイナスします。このプロセスにより、企業の経常的な活動による利益である経常利益が表示されます。

さらに、経常利益に臨時的、特別な活動によって発生する特別利益、特別損失をプラスマイナスして税引前当期純利益を表示します。

ここでの「臨時的、特別な活動」とは、通常めったに起こらない取引を指しています。たとえば、火災で工場が焼失した場合のような災害損失、建物や土地などの固定資産の売却に伴う固定資産売却損益が特別利益または特別損失に計上されます。なぜなら、火災になることはめったにありませんし、建物や土地も通常は長期にわたって保有するものですから、不動産販売会社でもない限り頻繁には売却しないためです。

最後に、この税引前当期純利益から税金（法人税、住民税、事業税）を差し引いて「当期純利益」という1年間の最終利益を表示します。

このように損益計算書は、企業活動の種類ごとに、利益を段階的に表しています。そうすることによって、損益計算書を読む人が、「その会社がいくら儲けているのか」ということだけではなく、「何によって利益あるいは損失を出しているのか」といった、より詳細な情報を読み取ることができるのです。

■ 損益計算書の基本

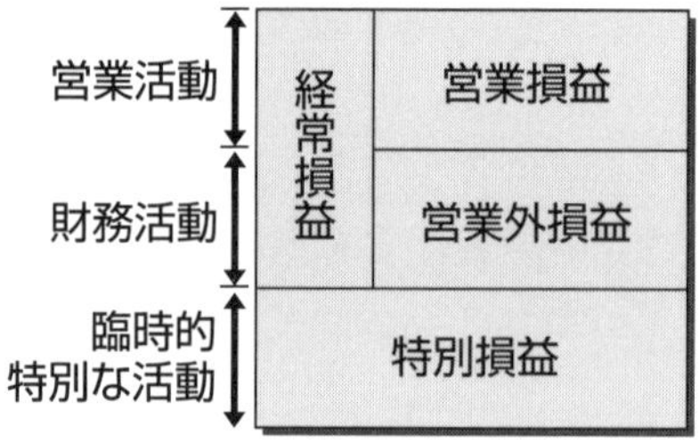

売上高 (−)売上原価
売上総利益 (−)販売費及び一般管理費
営業利益 (+)営業外収益 (−)営業外費用
経常利益 (+)特別利益 (−)特別損失
税引前当期純利益 (−)法人税等
当期純利益

第３章

貸借対照表「資産の部」のおもな勘定科目の仕訳

本章のトレーニング問題につきましては、紙面の関係で、トレーニング問題に対する解答を書き込むための解答欄のスペースが十分に確保できていない箇所があります。解答していただく際には、余白などをご利用ください。

1 現金の仕訳

手元の現金が増加または減少した時に仕訳する

モノやサービスを購入したときの支払いや、販売したときの対価の受け取りの手段として用いられるのが、現金および預金です。このうち、手持ちの現金によって支払いや対価の受け取りを行った場合に、現金が減少または増加することになります。この減少または増加のタイミングで現金の仕訳をします。

支払いをするときは現金、つまり資産が減少するため、仕訳では貸方に記入します。反対に、対価を受け取る場合は、現金が増加するため借方に記入します。

トレーニング問題①

工具３万円を現金で購入しました。

（解答欄）解答→189ページ

借方科目	金額	貸方科目	金額

トレーニング問題②

商品を販売し、販売価格１万5000円を現金で受け取りました。

（解答欄）解答→190ページ

借方科目	金額	貸方科目	金額

2 預金の仕訳

銀行に預けているお金が増加または減少した時に仕訳する

現金と同じく、モノやサービスの購入代金を支払うときや、販売代金を受け取るときの手段として用いられます。手元にある現金とは異なり、預金は銀行などの金融機関に預けているお金です。たとえば、販売により銀行で開設している預金口座に直接入金があった場合は、預金が増加することになります。反対に、銀行の預金口座にあるお金によって支払いを行うときは、預金が減少します。また、現金を銀行に預けた場合や、銀行口座から現金を引き出した場合においても、預金は増減します。このように、銀行口座を通して代金の受け取り、支払いを行った場合や、現金の預入れ、引き出しがあった場合は、預金が増加、減少するため、預金の仕訳が必要になります。

預金は資産の勘定科目です。そのため、預金が増加した場合は借方に、預金が減少した場合は貸方に記載します。

トレーニング問題

商品を販売し、販売価格５万円が普通預金口座に入金されました。

（解答欄）解答→190ページ

借方科目	金額	貸方科目	金額

3 売掛金の仕訳

販売代金を受け取る権利である

商取引の流れは、注文→商品の引渡し→商品代金の回収となっています。一般的には、商品と引き換えにその場で現金を支払うケースは少なく、先に商品を引き渡してから後日商品代金を回収します。このように、後から支払いを受ける形態の取引（信用取引）の場合、商品を受け渡してから代金を回収するまで空白期間があります。この期間のまだ回収していない代金のことを会計上は売掛金といいます。売掛金とは、商品代金を受領する権利であるといえます。

商品を顧客に引き渡したものの、代金が未回収となっている場合に、売掛金が計上されます。その後、代金が現金などの形で入金された時に、入金分だけ売掛金が取り崩されます。このような売掛金の計上（増加）、取り崩し（減少）の際に、売掛金の仕訳をします。

売掛金は資産です。そのため、仕訳では、売掛金が増加した場合は借方に、減少した場合は貸方に記載します。

トレーニング問題

１万円の商品を販売しました。商品の販売代金は翌月末に振り込まれます。

（解答欄） 解答→190ページ

借方科目	金額	貸方科目	金額

4 受取手形の仕訳

証券化された販売代金を受け取る権利である

受取手形は、モノやサービスを販売したときに、現金を受け取る代わりに振り出される手形のことをいいます。将来的に販売代金を受け取る権利であるという点では売掛金と同じですが、その権利が証券という形になっている点が売掛金とは異なります。

受取手形は将来現預金を受け取る権利であるため、資産に分類されます。そのため、受取手形を受け取ったときの仕訳では、資産の増加を表す借方に受取手形を記載します。一方で、受取手形が減少したときの仕訳では、受取手形を貸方に記載します。受取手形が減少するのは、①満期日になって販売代金が入金されたとき、②銀行で割り引いてもらったとき、③裏書に出したとき、です。割引とは、銀行などが手形を譲り受け、代わりに販売代金から割引料を差し引いた金額を手形所有者に支払うことです。また、裏書とは、たとえば仕入代金の支払いの必要が生じた際に、受取手形を仕入先に譲ることで支払いに代えることをいいます。

トレーニング問題

銀行に取立てに出した受取手形15万円が満期日になり、普通預金に入金されました。

(解答欄) 解答→191ページ

借方科目	金額	貸方科目	金額

5 有価証券の仕訳

財産に関する権利を表した証券である

有価証券は、財産に関する権利を表した証券のことです。株券、国債、投資信託などが有価証券に含まれます。株券であれば、株主としての地位や権利（配当金を受け取るなど）を表しています。有価証券は、売買目的有価証券、満期保有目的有価証券、子会社および関連会社の株式、その他有価証券に区分されます。このうち、売買目的有価証券と１年未満に満期が到来する有価証券が、「有価証券」として表示され、流動資産に区分されます。売買目的有価証券とは、時価の変動を利用して利益を獲得することを目的としている有価証券です。

有価証券は資産の勘定科目ですので、取得したときの仕訳では資産の増加を表す借方に記入し、売却したときの仕訳では資産の減少を表す貸方に記入します。また、売買目的有価証券を保有している場合は、期末に時価評価した影響を仕訳に反映させなければなりません。時価評価は期末ごとに行われ、値上がりした場合は評価益を収益に、値下がりした場合は評価損を費用に計上します。

トレーニング問題

簿価100万円の株式を150万円で売却し、売却代金は普通預金に振り込まれました。なお、この株式は売買目的で保有しているものです。

（解答欄） 解答→191ページ

借方科目	金額	貸方科目	金額

6 棚卸資産の仕訳

販売目的で保有する物品である

棚卸資産とは、おもに販売することを目的として保管してある物品で、在庫ともいいます。まだ売れていない商品をはじめ、製造途中の製品（仕掛品）や、製品を作るための原材料、貯蔵品も棚卸資産に含まれます。貯蔵品とは、販売に必要な物品で一時的に保管してあるものです。

期中に仕入れた材料や製品は、仕入高などの勘定科目により管理します。そして、決算では仕入高のうち、販売された分を売上原価として費用に、売れ残った分を棚卸資産として資産に計上します。この処理のために、売れ残った商品をすべてチェックし、その取得原価を算出する作業が必要になります。この作業を棚卸といいます。

この他、棚卸資産の市場での価格が下がり、帳簿価額を下回った場合は、期末にその簿価を切り下げる処理を行います。この場合は、棚卸資産評価損を示す売上原価を借方に記入し、貸方には簿価切り下げの対象となる棚卸資産を記入します。棚卸資産を貸方に記入するのは、この処理によって棚卸資産の金額が減少するためです。

トレーニング問題

商品の時価が下落し、帳簿価額を下回ったため、商品の帳簿価額を50万円切り下げました。

（解答欄） 解答→192ページ

借方科目	金額	貸方科目	金額

7 貯蔵品の仕訳

販売に必要な未使用の物品である

貯蔵品とは、販売に必要な物品で未使用の状態で保管してあるものをいいます。切手、収入印紙、事務用品、宣伝用の品などがあります。貸借対照表上は、貯蔵品は棚卸資産の中に含まれます。

会計処理では、購入したときに貯蔵品として資産に計上する仕訳をし、使用するたびに費用に振り替えていきます。また、購入したときに購入金額をいったん費用として仕訳をして、決算において使用していない分を貯蔵品に振り替える方法も認められています。

トレーニング問題①

購入時に貯蔵品として計上していた事務用品3,000円を使用しました。

（解答欄） 解答→193ページ

借方科目	金額	貸方科目	金額

トレーニング問題②

決算で、未使用の切手800円を貯蔵品に振り替えました。なお、この切手は購入時に費用処理しています。

（解答欄） 解答→193ページ

借方科目	金額	貸方科目	金額

8 仮払金の仕訳

経費分の前払いである

たとえば交通費や交際費など、経費の概算金額を従業員に前払いして、後から実費を精算する場合があります。このように、会社が事前に経費の概算金額を支払うことを仮払いといいます。仮払金では実際の出張費用に足りなかったという場合には、精算の際に従業員に不足分を払います。仮払金が実際の出張費用よりも多かった場合には、超過分を返してもらいます。

仮払金は、経費分のお金を前払いしたときに増加します。そして、実費で精算したときに減少します。このような増加、減少のタイミングで、仮払金の仕訳をすることになります。仮払金は資産の勘定科目です。そのため、仕訳では、仮払金が増加した時に借方に、減少した時に貸方に記入します。

トレーニング問題①

仮払金3万円の精算がされました。仮払金のうち、電車代に使用されたのは2万5000円で、残りの5,000円は現金で返金されました。

（解答欄）解答→193ページ

借方科目	金額	貸方科目	金額

9 前渡金の仕訳

仕入代金の前払いのことである

仕入れを行う際に、仕入代金の一部または全部を、商品を受け取る前に支払うことがあります。この仕入代金の前払いのことを前渡金といいます。仕入代金を前払いした段階においては、将来商品を受け取る権利があります。そのため、前渡金は資産に分類されます。

前渡金は、商品を受け取る前に仕入代金の一部または全部を支払ったときにおいて発生します。前渡金は資産の勘定科目ですので、仕入代金を前払いしたときの仕訳では、資産の増加を表す借方に前渡金を記載します。その後、商品を受け渡されたときに、将来商品を受け取る権利がなくなりますので、前渡金も減少することになります。仕訳では、資産の減少を表す貸方に前渡金を記載します。このとき残りの代金を現金や預金で支払っていれば、現金や預金も貸方に記載します。また、残りの代金が未払いとなっている場合は、貸方に買掛金を記載します。

トレーニング問題

発注した商品５万円が納品されました。仕入代金のうち２万円は、１か月前に支払済みです。残りの３万円は納品時に現金で支払いました。

（解答欄） 解答→194ページ

借方科目	金額	貸方科目	金額

10 未収入金の仕訳

本来の営業目的以外の売却による未収代金である

建物や機械、有価証券を売ったものの、その代金の受け取りが後日になることがあります。その場合の未受領となっている代金を未収入金といいます。売掛金も未受領となっている代金を表しますが、売掛金の場合は営業活動によって生じた代金のみを含みます。つまり、本来の営業目的で販売している商品やサービスの未収代金は売掛金に、本来の営業目的以外で売却したものの未収代金は未収入金に含まれることになります。

未収入金は将来現金や預金を受け取る権利であることから、資産に分類されます。そのため、代金を後日払いとして機械などを売却したとき（つまり未収入金が発生したとき）の仕訳では、資産の増加を表す借方に未収入金を記載します。後日、代金が入金されると、将来現金や預金を受け取る権利も消滅します。そのため、代金が入金されたときの仕訳では、資産の減少を表す貸方に未収入金を記載します。

トレーニング問題

簿価3000万円の土地を3800万円で売却しました。売却代金は翌々月末に入金されます。

（解答欄）解答→195ページ

借方科目	金額	貸方科目	金額

11 前払費用の仕訳

継続的に受けているサービスに対して前払いした対価である

家賃や保険料などは、継続的にサービスの提供を受けていることに対して支払っている費用です。前払費用とは、この継続的に受けているサービスに対して前払いしている対価をいいます。

たとえば、3月を年度末としている会社が、1年分の家賃12万円を1月に支払ったとしましょう。1月から3月までの3か月分のサービスは当期に受けるため、3か月分の家賃（3万円）は当期の費用になります。しかし、残りの9か月分のサービスは翌期に受けますので、当期の費用ではありません。この前払い分には将来サービスの提供を受ける権利があるため、前払費用という資産の勘定科目を計上します。

仕訳では、家賃などを支払った時に一度そのすべてを費用に計上します。その中に翌年度にサービスを受ける分があれば、決算で「前払費用」に振り替え（借方に記入）、その分の家賃を減少させます（貸方に記入）。そして、翌期首において決算時の仕訳を再度振り替えます。

トレーニング問題

期中に支払った賃借料24万円はすべて費用に計上しているため、決算で翌期分の貸借料を前払費用に振り替えます。なお、この賃借料は当年度の8月から翌年度7月までの分で、当社の決算日は3月です。

（解答欄） 解答→195ページ

借方科目	金額	貸方科目	金額

12 未収収益の仕訳

継続的にサービスを提供している場合の対価の未収分である

継続的にサービスを提供している場合において、すでにサービスを提供したものの、その分の対価は後日受け取る取り決めになっていることがあります。本来の営業目的で提供しているサービスであればこの未収分は売掛金となりますが、本来の営業目的以外で提供しているのであれば未収収益に区分されます。未収入金と異なり、未収収益は継続的にサービスを提供している場合の対価の未収分です。預金や貸付金の受取利息の未収分や、不動産の賃貸料の未収分などが未収収益に該当します。

未収収益は将来において現金や預金を受け取る権利があるため、資産に分類されます。そのため、未収収益が発生している場合は、決算の仕訳で借方に未収収益を記載します。このとき、すでにサービスを提供した分の収益も発生しているため、貸方には発生した収益の勘定科目を記載します。そして、翌期首においてこの決算時の仕訳を振り替える仕訳をします。

トレーニング問題

決算において、当年度分の貸付金の利息５万円を計上しました。なお、この利息は翌年度に支払われることになっています。

（解答欄） 解答→196ページ

借方科目	金額	貸方科目	金額

13 短期貸付金の仕訳

決算日から1年以内に返済される貸付金である

取引先、子会社、従業員などに貸し付けた金銭を貸付金といいます。貸付金の中でも、決算日から１年以内に返済されるものを短期貸付金といいます。貸借対照表では、流動資産に分類されます。

短期貸付金は、金銭を貸し付けたときおよび返済されるときに仕訳をします。短期貸付金は資産の勘定科目ですので、金銭を貸し付けたときの仕訳では借方に、返済されたときの仕訳では貸方に記載されます。

トレーニング問題①

普通預金から取引先に200万円貸し付けました。なお、返済期限は９か月後です。

（解答欄） 解答→196ページ

借方科目	金額	貸方科目	金額

トレーニング問題②

返済期限になり、取引先に貸し付けていた80万円と利息１万円を現金により回収しました。

（解答欄） 解答→197ページ

借方科目	金額	貸方科目	金額

14 貸倒引当金の仕訳

将来の貸倒れによる損失を見積もって引き当てたものである

売掛金や貸付金といった債権は将来的に代金が回収されたり、貸付額が返済されるものです。しかし、相手先の財政状態が悪化した場合は、もしかすると資金を回収できなくなるかもしれません。このように資金を回収できなくなることを貸倒れといい、この場合は貸倒損失を計上します。このような事象に備えて、将来の貸倒れによる損失を見積もって引き当てたものを貸倒引当金といいます。貸倒引当金は売掛金や貸付金などの資産の金額をマイナスする勘定科目であるため、仕訳では資産と反対の動きをします。そのため、計上する際は貸方に記載し、相手勘定の借方には「貸倒引当金繰入額」という費用の勘定科目を記載します。貸倒引当金が減少するのは、実際に貸倒れが発生したときです。この場合は、貸倒引当金を仕訳の借方に記載します。

なお、税務上は、一定の法人を除いて貸倒引当金を損金（税務上の費用）にすることはできません。一定の法人とは、資本金１億円以下の中小法人、銀行、保険会社などです。

トレーニング問題

決算において、貸倒引当金300万円を引き当てました。

（解答欄） 解答→197ページ

借方科目	金額	貸方科目	金額

15 建物の仕訳

事務所や工場の建屋などが建物に含まれる

建物は、資産の中でも有形固定資産という大項目に含まれる勘定科目です。事業に使用する事務所や工場の建屋などが建物に該当します。

建物は資産の勘定科目であるため、増加したときは借方に、減少したときは貸方に記入します。建物が増加するのは、建物を購入したときおよび建設中の建物が完成したときです。なお、建設途中の建物に対して支出がある場合は、建物ではなく建設仮勘定の増加として処理します。建設仮勘定とは、完成する前の有形固定資産への支出を管理する勘定科目です。そして、完成したときに建設仮勘定の残高を建物に振り替えます。また、建物が減少するのは、建物を売却や廃棄する場合です。売却等に伴う損益があれば、これもあわせて仕訳に計上することになります。減価償却（長期間にわたって固定資産を費用化していく処理）を行う際も、建物が減少（費用化）します。この場合は、建物の減少と同時に減価償却費を計上する仕訳をします。

トレーニング問題

建物を1000万円で購入し、代金を普通預金口座から支払いました。

（解答欄） 解答→198ページ

借方科目	金額	貸方科目	金額

16 機械装置の仕訳

機械装置には製品を製造する設備などが含まれる

機械装置は、資産の中でも有形固定資産の分類に属します。製品を製造するため設備の他、ブルドーザー、パワーショベルなどを含んでいるのが機械装置です。

機械装置は資産の勘定科目であるため、増加したときは借方に、減少したときは貸方に記入します。増加するのは機械装置を購入したときです。また、減少するのは機械装置を売却したときや除却・廃棄したときです。なお、減価償却（長期間にわたって固定資産を費用化していくこと）を行う際も、機械装置の残高は減少します。

トレーニング問題①

機械装置50万円を購入し、代金を普通預金口座から支払いました。

（解答欄）解答→198ページ

借方科目	金額	貸方科目	金額

トレーニング問題②

決算で、機械装置の減価償却費20万円を計上しました。

（解答欄）解答→198ページ

借方科目	金額	貸方科目	金額

17 車両・運搬具の仕訳

自動車、オートバイ、自転車などが車両・運搬具に含まれる

車両・運搬具は、陸上で人や物を運搬するために用いられるものをいいます。具体的には、自動車、オートバイ、自転車、リヤカーなどです。車両・運搬具は資産の中でも有形固定資産の分類に含まれます。なお、車両・運搬具の付属費用（付属品や購入に伴って発生する費用など）も車両・運搬具に含めて処理をします。

車両・運搬具は資産の勘定科目ですので、仕訳では、増えたときは借方に、減ったときは貸方に記入します。車両・運搬具が増えるのは、購入したときです。購入代金と付属費用と合わせた金額を車両・運搬具として、借方に記載します。また、売却、除却、廃棄等を行ったときは、車両・運搬具が減少します。このときは、車両・運搬具を貸方に記載します。なお、減価償却（固定資産の取得価額を耐用年数にわたって費用として配分すること）を行ったときも、車両・運搬具の残高は減少します。

トレーニング問題

自動車300万円とその自動車に装備されているカーナビ25万円を購入しました。なお、購入代金は翌月末に支払います。

（解答欄） 解答→199ページ

借方科目	金額	貸方科目	金額

18 土地の仕訳

土地は減価償却を行わない有形固定資産である

土地は、事業のために所有する敷地を計上する勘定科目です。事業所や工場などの敷地が含まれます。不動産会社に支払う仲介手数料など、土地の購入に要した付属費用も土地の取得価額に含めます。

土地は資産の中でも有形固定資産の分類に含まれます。そのため、仕訳では増加したときは借方に、減少したときは貸方に記入します。増加するのは、土地を購入したときです。このときは、土地の購入代金と付随費用の合計を借方に記載します。また、売却や減損（固定資産の収益性が低下した場合に、その固定資産の帳簿価額を減額すること）をした場合は土地の残高が減少します。この場合の仕訳では、貸方に土地を記載します。なお、土地は、他の有形固定資産とは異なり減価償却を行いません。

トレーニング問題

土地を500万円で売却し、代金は普通預金口座に振り込まれました。売却時の土地の帳簿価額は420万円でした。

（解答欄）解答→200ページ

借方科目	金額	貸方科目	金額

19 固定資産の減価償却

固定資産の取得価額を使用期間にわたって費用配分する手続きである

たとえば、機械を購入したときの仕訳では、その機械の購入代金を一括で費用に計上することはしません。その代わり、機械装置として資産に計上します。機械のような固定資産は、長い期間にわたって使用され事業活動に貢献します。そのため、使用される期間にわたり、機械を毎期費用として計上していきます。そして、費用として計上された分だけ、資産の残高は減少していきます。このように、固定資産の取得価額が毎期費用として配分されていく手続きを減価償却といいます。減価償却の方法には定額法や定率法などがあります。

決算で減価償却を行ったときは、仕訳で減価償却費を計上します。減価償却費は費用の勘定科目であるため、費用の発生を表す借方に記載します。その際、減価償却した分だけ固定資産の取得価額が減少するため、貸方にはその固定資産を表す勘定科目を記載します（直接法）。固定資産を表す勘定科目を記載する方法以外に、減価償却累計額と記載する方法もあります。減価償却累計額は間接的に固定資産の取得価額を減額する勘定科目です（間接法）。

トレーニング問題

決算において、機械の減価償却費120万円を計上しました。

（解答欄） 解答→200ページ

借方科目	金額	貸方科目	金額

20 ソフトウェアの仕訳

コンピュータに仕事を行わせるプログラムである

会社で利用している会計システムなど、コンピューターに仕事を行わせるためのプログラムをソフトウェアといいます。ソフトウェアは建物や機械装置と同じように固定資産のひとつですが、建物や機械装置が有形固定資産に区分される一方で、ソフトウェアは無形固定資産に区分されます。無形固定資産とは、形のない固定資産のことです。形はなくても、有形固定資産と同じように減価償却を行います。

ソフトウェアには購入により取得するものの他、販売する目的で研究開発するものがあります。自社で研究開発するソフトウェアについては、最初に製品化される製品マスターが完成するまでに支出される費用は研究開発費に該当し、その後の制作にかかる費用はソフトウェアとして資産に計上されます。ソフトウェアを購入したときや制作したときは、資産の増加を表す借方に記載します。そして、減価償却されたときに、資産の減少を表す貸方に記載します。

トレーニング問題

ソフトウェアを80万円で購入し、普通預金から購入代金を振り込みました。

（解答欄）解答→201ページ

借方科目	金額	貸方科目	金額

21 特許権の仕訳

他社からの購入や自社内での発明により取得する

特許権とは、特許を受けた発明を独占的に使用できる権利のことです。特許権は建物や機械装置のように形のあるものではなく、無形の資産です。貸借対照表上は無形固定資産に分類されます。

特許権は資産の勘定科目です。そのため、仕訳では、特許権が増加したときは借方に、減少したときは貸方に計上します。特許権が増加するのは、取得したときです。特許権の取得には、自社内で発明した場合と、他社から購入した場合があります。他社から購入した場合は、購入対価と付随費用の合計が特許権の取得価額となります。一方で、自社内で発明した場合は、その発明にかかった研究開発費や付随費用（特許出願料など）のうち、資産計上されたものが特許権の取得価額になります。しかし、研究開発費は原則として費用処理されるため、他社から購入した場合に比べ特許権の取得価額は少なくなるものと考えられます。なお、特許権は耐用年数にわたって償却します。そのため、償却をした際の仕訳では、貸方に特許権を記載することになります。

トレーニング問題

特許権を550万円で購入し、代金を当座預金から支払いました。

（解答欄） 解答→201ページ

借方科目	金額	貸方科目	金額

22 投資有価証券の仕訳

おもに満期まで１年超の長期の有価証券である

64ページで解説したように、有価証券とは財産に関する権利を表した証券であり、保有目的に応じて、売買目的有価証券、満期保有目的有価証券、子会社および関連会社の株式、その他有価証券に分類されます。このうち、売買目的有価証券以外であって、満期まで1年超の有価証券が投資有価証券です。満期保有目的有価証券とは、満期まで保有することを目的としている有価証券です。また、その他有価証券とは、売買目的有価証券、満期保有目的有価証券、子会社および関連会社の株式のいずれにも属さない有価証券のことです。

投資有価証券は、資産の中でも投資その他の資産の勘定科目です。取得したときの仕訳では借方に記入し、売却したときの仕訳では貸方に記入します。また、売買目的有価証券と同じように、その他有価証券を保有している場合も期末に時価評価をします。期末の時価と取得価額の差額の合計額は、「その他有価証券評価差額金」として純資産の部に計上します。なお、値上がりした銘柄の評価差額は純資産に、値下がりした銘柄の評価差額は損失に計上する方法もあります。

トレーニング問題

当期に80万円で取得したその他有価証券について、期末の時価は100万円でした。なお、税効果は考慮しないものとします。

（解答欄） 解答→201ページ

借方科目	金額	貸方科目	金額

23 敷金の仕訳

賃貸借契約時に支払うものの退去時に返還される金銭である

敷金とは、事務所などの賃貸借契約を結ぶ際に、明け渡しまでの損害を担保するため、賃借人が賃貸人に対して預託する金銭のことです。

将来的に返還される金銭であることから、資産として計上されます。貸借対照表上は、固定資産の中の投資その他の資産に表示されます。

仕訳で敷金を計上するのは、賃貸人に対して敷金を支払ったときです。そして賃借している物件を引き払い、敷金が返還されるときに、仕訳で敷金を減少させます。なお、敷金の一部が返還されないことが契約で明らかにされている場合は、あらかじめ返還されない金額を長期前払費用として認識し、契約期間にわたって償却します。

トレーニング問題①

建物を賃借するにあたり、敷金50万円を普通預金から支払いました。

（解答欄）解答→202ページ

借方科目	金額	貸方科目	金額

トレーニング問題②

賃借していた事務所から退去する際に、入居時に支払った敷金30万円から修繕費10万円を差し引いた金額が普通預金に振り込まれました。

（解答欄）解答→202ページ

借方科目	金額	貸方科目	金額

24 長期貸付金の仕訳

返却期日が１年を超えて到来する貸付金である

取引先や子会社などに貸し付ける金銭を貸付金といいます。このうち、決算日から１年を超えて返済されるものが長期貸付金です。貸借対照表では、固定資産の項目のひとつである投資その他の資産の中に表示されます。貸し付けた当初は長期貸付金に分類されたものであっても、返済期日が決算日から１年以内となった場合は、短期貸付金に振り替えます。そのため、台帳などで貸付金ごとに返済期日を管理することが大切です。

長期貸付金は資産の勘定科目です。そのため、長期貸付金を貸し付けたときは、短期貸付金と同じように、仕訳の借方に記載します。その後、返済期日が決算日から１年以内となったときに、短期貸付金に振り替えます。この振替によって長期貸付金が減るため、このときの仕訳では貸方に長期貸付金を、そして借方には同額だけ短期貸付金を記載します。

トレーニング問題

返済期限が１年以内に到来するため、長期貸付金350万円を短期貸付金に振り替えました。

（解答欄）解答→203ページ

借方科目	金額	貸方科目	金額

25 長期前払費用の仕訳

決算日から１年超の期間を経て費用化される前払費用である

70ページでも述べました通り、継続的に受けているサービスに対して前払いしている対価を前払費用といいます。このうち、前払いしたサービスが実際に提供され、費用となるのが、決算日から１年を超えて先となる場合があります。このような前払費用を長期前払費用といいます。

前払費用が流動資産の勘定科目であるのに対し、長期前払費用は固定資産のうち投資その他の資産の勘定科目です。長期前払費用を計上する際は、借方に記入します。その後、時が経過し、費用となるのが決算日から１年以内となった際に、前払費用に振り替える仕訳をします。

トレーニング問題①

事務所の賃借料の２年分である360万円を普通預金から支払いました。

（解答欄）解答→203ページ

借方科目	金額	貸方科目	金額

トレーニング問題②

長期前払費用に計上していた事務所の賃借料のうち、180万円は翌期の賃借料です。決算において、翌期分を前払費用に振り替えました。

（解答欄）解答→203ページ

借方科目	金額	貸方科目	金額

26 株式交付費の仕訳

株式を交付するために直接必要になった費用である

株式交付費とは、新株を発行したり、自己株式を処分する際にかかる広告費、変更登記の登録免許税、金融機関などの取扱手数料といった、株式を交付するために直接必要となった費用のことをいいます。原則として株式交付費は営業外費用に計上します。しかし、会社の規模を大きくする手段として株式を発行したのであれば、それにかかる株式交付費は繰延資産に計上することができます。なお、株式交付費を繰延資産に計上した場合は、３年以内のその効果の及ぶ期間にわたって定額法（毎期均等に償却していく方法）により償却をしなければなりません。

支出した株式交付費を繰延資産として計上する場合の仕訳では、資産の増加を表す借方に記載します。また、償却時は資産の減少を表す貸方に株式交付費を、借方には償却費を記載します。

トレーニング問題

会社の規模拡大のため、株式発行により資金を調達します。この株式発行について、広告費、金融機関の手数料、株券の印刷費200万円を普通預金から支払いました。なお、株式交付費は繰延資産として処理します。

（解答欄）解答→204ページ

借方科目	金額	貸方科目	金額

27 社債発行費の仕訳

社債を発行するために直接支出した費用である

社債発行費とは、社債を募集するためにかかる広告費、社債券や目論見書の印刷費、社債の登記にかかる費用、金融会社や証券会社での取扱手数料といった、社債を発行するために直接支出した費用のことをいいます。原則として、社債発行費は支出時に営業外費用として計上しますが、繰延資産として計上することもできます。ただし、繰延資産として計上する場合は、社債が償還されるまでの期間にわたって償却しなければなりません。償却方法については、複利を加味して償却する利息法の他、継続的に採用することを条件として定額法によることもできます。

社債発行費は資産の勘定科目です。社債を発行するために直接支出した費用があるときは、社債発行費として借方に計上します。また、償却に伴って社債発行費が減少していくため、償却時の仕訳では資産の減少を表す貸方に社債発行費を記載します。

トレーニング問題

社債を発行するのにかかった広告費、社債券の印刷費、金融会社の取扱手数料120万円を当座預金から支払いました。なお、社債を発行するために直接支出した費用は繰延資産として処理します。

(解答欄) 解答→204ページ

借方科目	金額	貸方科目	金額

28 創立費の仕訳

会社を設立するまでにかかった費用である

創立費とは、会社を設立するまでにかかった費用のことです。具体的には、定款を作成するための費用、創立事務所の賃借料、創立総会にかかる費用、設立登記の登録免許税、設立の際の株式募集のための広告費、株券等の印刷費、設立事務を行う従業員の給料などがあります。なお、会社が設立してから営業を開始するまでに支出した費用は開業費に含まれることに注意が必要です。原則として、創立費は支出したときに営業外費用として計上しますが、繰延資産として計上することもできます。繰延資産とする場合は、設立から５年以内のその効果の及ぶ期間にわたって定額法（毎期均等に償却していく方法）により償却をしなければなりません。

創立費を支出し、繰延資産として計上する場合は、資産の増加を表す借方に創立費を記載します。また、償却時は資産の減少を表す貸方に創立費を、借方には償却費を記載します。

トレーニング問題

会社を設立するため、設立登記の登録免許税、株式発行のための広告費、株券の印刷費、定款の作成料が50万円かかりました。これらの費用は現金で支払い、繰延資産として処理しました。

（解答欄）解答→205ページ

借方科目	金額	貸方科目	金額

29 開業費の仕訳

設立から営業開始までの開業準備のために直接支出した費用である

開業費とは、会社を設立してから営業を開始するまでに支出した費用で、開業準備に要したものをいいます。具体的には、広告宣伝費、従業員の給料、交通費、通信費、電気・ガス・水道代、土地や建物の賃借料などです。なお、会社を設立するまでにかかった費用は創立費に含まれることに注意が必要です。開業費は原則として営業外費用に計上しますが、繰延資産として計上することもできます。繰延資産とする場合は、開業のときから５年以内のその効果の及ぶ期間にわたって定額法（毎期均等に償却していく方法）により償却をしなければなりません。

開業費を支出し、繰延資産として計上する場合は、資産の増加を表す借方に開業費を記載します。また、償却時は資産の減少を表す貸方に開業費を、借方には償却費を記載します。

トレーニング問題

前年度において開業費50万円を繰延資産に計上しました。そのため、当年度の決算では、この開業費について５年間の定額法により償却します。

（解答欄）解答→205ページ

借方科目	金額	貸方科目	金額

30 開発費の仕訳

資源の開発や市場の開拓を行ったときなどにかかる費用である

開発費とは、新しい技術や新しい経営組織を採用したとき、資源の開発を行ったとき、市場の開拓を行ったとき、および設備の大規模な配置換えを行ったときなどにかかった費用をいいます。これらの費用は、原則として、売上原価または販売費及び一般管理費として計上しますが、繰延資産として計上することもできます。繰延資産とする場合は、支出してから５年以内のその効果の及ぶ期間にわたって、定額法等の方法により償却しなければなりません。ただし、研究開発費とみなされる支出については、費用として処理しなければならない点に注意が必要です。

開発費を支出し、繰延資産として計上する場合は、資産の増加を表す借方に開発費を記載します。また、償却時は資産の減少を表す貸方に開発費を、借方には償却費を記載します。

トレーニング問題

当年度の12月に支出した市場開拓費用180万円を開発費として繰延資産に計上しました。当年度の決算（決算日は３月末日）において、この開発費を３年間の定額法により償却します。

（解答欄）解答→206ページ

借方科目	金額	貸方科目	金額

Column

リースについての仕訳

リース契約で定められた期間にわたって、機械、車両、コピー機などを借りて使用することができ、その代わりに貸主（貸手）にリース料を支払う取引をリース取引といいます。月々のリース料を支払うことで、高い金額で購入しなくても商品を使用できるのがリース取引の魅力です。

リースする商品の所有者は貸主ですが、実質的にその商品の所有権が借手に移ったと判断される場合は、借手側で商品を買ったものとして会計処理を行わなければなりません。これをファイナンス・リース取引といいます。具体的には、①リース料総額の現在価値が商品の購入額の90%以上である、または②解約できないリース期間が商品の耐用年数の75%以上である場合は、その商品を買ったものとみなし、リースする商品を固定資産として計上します。また、将来にわたってリース料を支払う義務があるため、リース資産と同額だけリース債務を負債に計上します。

リース取引開始時：（借方）リース資産　／（貸方）リース債務

リース資産計上後は他の固定資産と同じように減価償却を行います。

減価償却時：（借方）減価償却費　／（貸方）減価償却累計額

なお、リース料を支払う際は、利息相当額分とリース債務の元本返済分に分けて仕訳をします。具体的には、リース債務の残高に一定の利率を乗じた金額を利息相当額とし、リース料から利息相当額を除いた金額をリース債務返済額とします。計上当初のリース債務とリース料総額の差額は、リース期間の利息相当額合計と一致します。

リース料支払時：（借方）リース債務／（貸方）現金または預金
支払利息

なお、実質的に商品の所有権が借手に移っていないものと判定された場合は（オペレーティング・リース取引）、通常の賃借取引の処理、つまりリース料を支払う都度費用を計上することになります。

第４章

貸借対照表「負債の部」のおもな勘定科目の仕訳

本章のトレーニング問題につきましては、紙面の関係で、トレーニング問題に対する解答を書き込むための解答欄のスペースが十分に確保できていない箇所があります。解答していただく際には、余白などをご利用ください。

1 買掛金の仕訳

仕入代金の未払いである

買掛金とは、営業上の債務のことをいいます。掛取引によって材料や商品の仕入れを行ったときに生ずる未払いの仕入代金です。

買掛金は将来支払いを行う義務があるため、負債に含まれます。そのため、仕訳では買掛金が増えたときは貸方に、減ったときは借方に記入します。買掛金が増えるのは、掛取引で仕入れを行ったときです。そして、後日その仕入代金を支払ったときに買掛金が減少します。

トレーニング問題①

掛けにより材料10万円を仕入れました。

（解答欄） 解答→206 ～ 207ページ

借方科目	金額	貸方科目	金額

トレーニング問題②

買掛金10万円を普通預金から支払いました。

（解答欄） 解答→207ページ

借方科目	金額	貸方科目	金額

2 支払手形の仕訳

手形を振り出す営業債務である

買掛金と同様に、支払手形は材料や商品の仕入代金の未払い分を表します。ただし、仕入れの際に手形を振り出し仕入先に渡しているという点で、買掛金とは異なります。

支払手形は負債の勘定科目です。そのため、支払手形が増えたときは貸方に、減ったときは借方に記入します。支払手形が増えるのは、仕入代金として手形を振り出したときや、買掛金の支払いのために手形を振り出したときです。一方で、支払期日が来ると手形が決済され、その分支払手形も減少します。

トレーニング問題①

商品15万円を仕入れ、約束手形を振り出して支払いました。

（解答欄） 解答→207ページ

借方科目	金額	貸方科目	金額

トレーニング問題②

支払期日の到来により、以前振り出した約束手形35万円が決済され、当座預金から引き落とされました。

（解答欄） 解答→208ページ

借方科目	金額	貸方科目	金額

3 短期借入金の仕訳

決算日から１年以内に返済する借入金である

借入金は、銀行や取引先から金銭を借り入れたことにより生ずる債務です。将来返済する義務があるため、負債に分類されます。借入金のうち、決算日から１年以内に返済するものを短期借入金といいます。そのため、借入れの時点で返済期日まで１年以内の借入金は短期借入金に含まれます。また、借入れの時点では返済期日まで１年を超える場合であっても（これを長期借入金といいます）、時が経過し、翌期に返済することになったときに長期借入金から短期借入金に振り替えます。このように返済までが１年以内となった長期借入金は、１年以内返済長期借入金等の勘定科目で表示されることもあります。

短期借入金は、負債の中でも、流動負債という短期の負債に区分されます。借入れをしたときは短期借入金が増加するため、仕訳では貸方に記載します。一方、返済したときは短期借入金が減少するため借方に記載します。

トレーニング問題

銀行から100万円を借り入れ、当座預金に入金されました。返済期日は８か月後です。

（解答欄） 解答→208ページ

借方科目	金額	貸方科目	金額

4 未払金の仕訳

本来の営業目的以外の取引による未払いを表す

未払金は、本来の営業目的以外の取引によって生じた未払いを管理する勘定科目です。固定資産や有価証券を購入した場合の購入代金の未払いなどは、未払金に含まれます。一方で、商品や材料を仕入れた際の未払いは本来の営業目的の取引によるものですので、未払金には含まれません。この場合は、買掛金や支払手形（手形を振り出した場合）として計上します。

未払金は将来支払う義務があるものですので、負債に分類されます。そのため、未払金が増加した際は貸方に、減少した際は借方に記入されます。未払金が増加するのは、固定資産などを購入したものの、その代金をまだ支払っていないときです。そして、その未払い分を現金や預金などで支払ったときに、その分だけ未払金が減少することになります。

トレーニング問題

製品を製造するための機械を1000万円で購入しました。代金は翌月末に普通預金から支払います。

（解答欄）解答→209ページ

借方科目	金額	貸方科目	金額

5 未払費用の仕訳

継続的に受けているサービスの未払いである

事務所の賃借や保険などは、継続的に提供されているサービスです。このような本来の営業目的以外で受ける継続的なサービスは、一定期間ごとに支払期日が定められていることが多く、すでに受けたサービスの対価を後日支払うこともあります。この場合は、将来対価を支払う義務が生じているため、負債の勘定科目である未払費用を計上します。本来の営業目的以外の取引による未払いであるという点は、未払費用と未払金は共通しています。しかし、未払金は商品やサービスの提供がすべて完了し、債務の確定した未払いである一方で、未払費用はいまだサービスの提供が続いており、そのうちのすでに提供されたサービスに対する未払いであるという点が異なります。

すでに受けた継続的なサービスに対して未払いがあるときは、決算の仕訳において負債の増加を表す貸方に未払費用を記載します。その後、未払い分に対する対価の支払いが行われたときの仕訳では、負債の減少を表す借方に未払費用を記載します。

トレーニング問題

決算において、今月分の事務所の家賃15万円（来月15日支払）の仕訳をしました。

（解答欄）解答→209ページ

借方科目	金額	貸方科目	金額

6 前受金の仕訳

販売前に受け取った代金のことである

前受金とは、販売を行う際に、前もって受け取った代金を表す勘定科目です。通常は、販売したときや、販売した後日に販売代金を受け取りますが、このように前もって代金を受け取ることもあります。前受金を受け取った段階では、後日商品を受け渡したりサービスを提供したりする義務があります。そのため、前受金は負債の勘定科目となります。

販売前に代金を受け取ったときに前受金は発生します。このときに、仕訳では前受金の増加として貸方に記載します。借方には受け取った現金や預金を記載します。一方、前受金が減少するのは実際に販売が行われ売上が計上されたときです。このときに、商品の受け渡しやサービスの提供の義務がなくなるためです。仕訳では負債の減少を表す借方に前受金を記載します。

トレーニング問題

商品50万円を販売しました。販売代金のうち、20万円は手付金として先月末に振り込まれています。残金は販売したときに、普通預金口座に振り込まれました。

(解答欄) 解答→210ページ

借方科目	金額	貸方科目	金額

7 預り金の仕訳

従業員などから一時的に預かっている金銭である

預り金とは、従業員や取引先などから一時的に預かっている金銭のことです。後日その金銭を返すか、預かり先に代わって第三者に支払うことになります。会社は、従業員の給料から保険料や税金を天引きし、従業員に代わって納付します。納付までに預かっている金銭が会社にとっての預り金です。金銭を受け取った後に支払義務があることから、預り金は負債に含まれます。

預り金が発生するのは、一時的に預かるために金銭を受け取ったときです。給料から天引きする保険料や税金であれば、給料の支払いと同時に天引きしますのでこのタイミングで金銭を受け取ったものと考えられます。このときは負債の増加として、預り金を仕訳の貸方に記載します。一方で、預り金を預けた者に返したり、第三者に支払ったときに預り金が減少します。負債の減少となるため、仕訳では預り金を借方に記載します。

トレーニング問題

従業員に対する給料30万円のうち、保険料３万円、所得税１万5000円を控除して普通預金から振り込みました。

（解答欄）解答→210ページ

借方科目	金額	貸方科目	金額

8 前受収益の仕訳

継続的に提供しているサービスにおける対価の前受け分である

継続的にサービスを提供している場合、まだ提供していないサービスの対価を受け取ることがあります。このような対価は前受収益として負債に計上します。負債の勘定科目に分類されているのは、これからサービスを提供する義務があるためです。事務所などを貸している場合に受け取る家賃や貸付金の利息などの前受け分が前受収益となります。

仕訳では、家賃や利息などを受け取ったときは一度そのすべてを収益に計上します。そのうち翌年度にサービスを提供する分がある場合、つまり前受けがある場合は、当年度の収益にはできないため、決算において前受収益に振り替えます。仕訳では、負債の増加を表す貸方に前受収益を記載し、収益の減少を表す借方に翌年度分の収益を記載します。そして、翌期首において、前受収益を収益に再度振り替える仕訳をします。つまり、決算において増加させた前受収益を減少させ（借方に記入）、減少させた収益をまた増加させる（貸方に記入）のです。

トレーニング問題

決算において、すでに振り込まれた貸付金の利息のうち、翌年度分10万円を前受収益に振り替えました。

（解答欄）解答→211ページ

借方科目	金額	貸方科目	金額

9 仮受金の仕訳

内容不明の入金があったときに一時的に使用する

現金等を受け取ったものの、その理由がわからない場合に一時的に使用する勘定科目のことを仮受金といいます。受け取った現金等の内容が判明すると、仮受金から適切な勘定科目に振り替えることになります。仮受金は一時的に使用される勘定科目であるため、長い期間にわたって内容が不明な残高がないように注意する必要があります。

仮受金は負債の勘定科目です。そのため、仮受金が増えたときは貸方に、減ったときは借方に記入します。仮受金の仕訳をするのは、まず内容が不明の現金等を受け取ったときです。このときは仮受金が増加するので、貸方に記入します。また、仮受金の内容が判明したときは、他の勘定科目に振り替える仕訳をします。このときは仮受金が減少するため、借方に記入します。

トレーニング問題

当座預金口座に10万円が振り込まれましたが、入金の理由が不明です。

(解答欄) 解答→211ページ

借方科目	金額	貸方科目	金額

10 賞与引当金の仕訳

将来支給される賞与を見積もり、計上する

就業規則などで定められている賞与の支給対象期間（計算期間）に対し、実際の賞与の支給時期が期をまたぐことがあります。たとえば、決算日を３月末日としている会社の場合、賞与支給対象期間が10月から３月までで、その賞与の支給時期が６月である場合などがこれに該当します。この場合、決算日において賞与は未払いとなっていますが、支給対象期間における従業員の労働はすでに提供されているので、この分を当年度の費用として計上しなければなりません。そこで、翌年度に支給される賞与を見積もり、当年度の費用として計上するとともに、賞与引当金を負債に計上します。

このように、賞与の支給対象期間が経過しているものの決算日において未払いとなっている場合は、賞与引当金を見積もり、決算の仕訳で負債の増加を表す貸方に記載します。借方には、賞与引当金繰入額という費用の勘定科目を計上します。翌年度に賞与が支払われた時の仕訳では、借方に賞与引当金を記載し、賞与引当金の残高を減らします。

トレーニング問題

翌年度に支払う予定となっている賞与100万円を決算において引き当てました。なお、この賞与の支給対象期間は当年度に属しています。

（解答欄）解答→212ページ

借方科目	金額	貸方科目	金額

11 未払法人税等の仕訳

法人税、住民税、事業税の未納付額である

会社は毎期確定申告をして、利益が出ていれば法人税や住民税を支払わなければなりません。通常、法人税等は発生した年度の翌年度に納付します。そのため、年度末においてはその年の税金が未払いの状態となっているのです。未払法人税等とは、法人税、住民税、事業税の未納付額を管理する勘定科目です。本来の営業目的以外の取引によって生じた未払いは未払金で管理しますが、法人税等自体に重要性があることから、未払金とは別の勘定科目にしています。

未払法人税等の仕訳は、決算の際に作られます。その年度に発生し、納付が見込まれる法人税、住民税、事業税を算定し、未払法人税等として計上します。中間納付によりすでに支払っている分があれば、その金額は控除します。未払法人税等は未払金と同じく負債なので、計上の際は仕訳の貸方に記載します。そして、実際に納付されたときに、納付した金額だけ未払法人税等を減少させます。仕訳では、借方に未払法人税等を記載します。

トレーニング問題

決算において、法人税、住民税、事業税の合計80万円を未納付分として計上しました。

（解答欄） 解答→212ページ

借方科目	金額	貸方科目	金額

12 未払消費税等の仕訳

消費税の未納付額である

消費税も法人税等と同様に、決算で納付額が計算されます。しかし、納付は翌期になるため、決算日時点では未払いになります。

消費税額は決算で確定しますので、未払消費税等は決算の仕訳で計上します。未払消費税等を計上する際の仕訳は、税込方式か税抜形式かによって異なります。

税込方式は売上や仕入の金額に消費税分を含めて仕訳を作成する方法です。そのため、期中においては消費税と名のつく仕訳は登場しません。そして決算において、最終的に支払うべき消費税を計算し、その分を未払消費税等として貸方に計上します。具体的には、以下のような仕訳になります。

（借方）租税公課／（貸方）未払消費税等

税抜方式は、売上や仕入の金額に消費税分を含めないで仕訳を作成する方法です。そのため、売上と同時に消費税分の金額を預かった場合には仮受消費税等（負債の勘定科目）を、仕入や経費の支払いと同時に消費税分の金額を支払った場合には仮払消費税等（資産の勘定科目）を計上します。そして決算において、仮受消費税等と仮払消費税等の残高を相殺する仕訳をします。つまり、資産の勘定科目である仮払消費税等を貸方に、負債の勘定科目である仮受消費税等を借方に記入することで、それぞれの残高を減らします。仮受消費税等の金額が仮払消費税等の金額よりも大きい場合、その差額が会社が納付すべき消費税額、つまり未払消費税等となります。具体的には以下のような仕訳になります。

（借方）仮受消費税等／（貸方）仮払消費税等
未払消費税等

いずれの方式であっても、決算の仕訳では貸方に未払消費税等を記載します。未払金と同じく、未払消費税等も負債に含まれるためです。そして、実際に消費税を納付したときに、納付した金額だけ未払消費税等を減少させます。仕訳では、借方に未払消費税等を記載します。

トレーニング問題①

決算において、消費税の未納付分150万円を計上しました。この会社は税込方式を採用しています。

（解答欄）解答→213ページ

借方科目	金額	貸方科目	金額

トレーニング問題②

決算において、消費税の未納付分150万円を計上しました。なお、この会社は税抜方式を採用しており、決算日における仮払消費税等は350万円、仮受消費税等は500万円です。

（解答欄）解答→213ページ

借方科目	金額	貸方科目	金額

トレーニング問題③

未納付となっていた消費税額150万円を普通預金から支払いました。

（解答欄）解答→214ページ

借方科目	金額	貸方科目	金額

13 社債の仕訳

事業資金を集めるために会社が発行した債券である

社債とは、事業資金を集めるために会社が発行した債券です。借入金と同様、会社の資金調達方法のひとつです。償還期限が設定されており、将来的に調達した資金を債権者に返すことになるため負債に含められています。償還までの間、会社は債権者に対して利息を支払います。

社債が発行された際には、まず社債を計上する仕訳をします。負債の勘定科目ですので、仕訳では負債の増加を表す貸方に記載します。このとき、社債の金額は発行価格にします。そして、償還されるときに社債が減少する仕訳をします。負債が減少するときは借方に記入しますので、借方に社債を記載します。

なお、社債の発行価格と額面金額は必ずしも一致するわけではありません。この差額については社債の利息部分と考え、償還までの間に償却していきます。

トレーニング問題

額面100万円の社債（額面100円に対し発行価格は95円です）を発行し、当座預金に払い込まれました。

（解答欄）解答→214ページ

借方科目	金額	貸方科目	金額

14 長期借入金の仕訳

決算日から返済まで1年を超える借入金である

短期借入金と同じく、長期借入金は銀行や取引先から金銭を借り入れたことにより生ずる債務です。短期借入金と異なるのは、決算日から返済までが１年を超えるという点です。そのため、長期借入金は負債の中でも固定負債（長期負債）の中に表示されます。

長期借入金の仕訳をするのは、返済まで１年超の借入れをしたときです。このときは長期借入金が増加するため、仕訳では貸方に記載します。その借入れから時が経過し、決算日から返済までの期間が１年以内となった場合には、短期借入金に振り替える仕訳をします。この場合、短期借入金ではなく、１年以内返済長期借入金などの勘定科目を使用することもあります。いずれの勘定科目を用いる場合でも、貸借対照表では流動負債の中に表示され、長期借入金とは区別されます。また、長期借入金が返済されることになった場合は、仕訳では負債の減少を表す借方に記載します。

トレーニング問題

決算において、長期借入金のうち翌期に返済する200万円を短期借入金に振り替えました。

（解答欄）解答→215ページ

借方科目	金額	貸方科目	金額

15 退職給付引当金の仕訳

将来支給する退職金や年金に備えて計上する

退職給付引当金とは、将来従業員が退職したときに支給する退職金や年金のうち、当期までに負担する金額をあらかじめ引き当てたものです。退職給付引当金は引当金のひとつです。引当金とは、将来生ずる損失や費用に備えて、あらかじめ当期の費用として計上することです（当期までに費用や損失の原因が発生しているものに限ります）。費用として計上すると同時に、同額だけ引当金が負債の部に計上されます。退職給付引当金以外にも、貸倒引当金や賞与引当金なども引当金に含まれます。

退職給付引当金は、負債の中でも固定負債に分類されます。そのため、退職給付引当金が増加（当期までに負担する金額を計上するときなど）するときは、貸方に記載します。また、退職給付引当金が減少するとき（従業員に退職金を支払うときや年金掛金を拠出するときなど）は、借方に記載します。

トレーニング問題

決算において、退職給付引当金に1500万円を繰り入れました。

（解答欄） 解答→215ページ

借方科目	金額	貸方科目	金額

16 役員退職慰労引当金の仕訳

役員の労務に対して見積もった退職金である

役員の在任期間中の労務に対して、退職時に支給する退職金を役員退職慰労金といいます。役員退職慰労金の金額は株主総会の決議により決定されます。しかし、内規に基づき要支給額を見積もることができる場合は、その見積額を役員退職慰労引当金として計上します。

決算では、内規に基づき、当年度末時点での役員退職慰労金の要支給額を見積もり、役員退職慰労引当金として計上します。役員退職慰労引当金は負債の勘定科目ですので、仕訳では負債の増加を表す貸方に役員退職慰労引当金を記載します。同時に、当年度の役員の労務に対する費用を計上します。そのため、仕訳の借方には、費用の勘定科目である役員退職慰労引当金繰入額を記載します。また、株主総会で役員退職慰労金の支給額が決議されたときは、役員に支払う金額が見積もりから確定した債務になります。そのため、仕訳では、役員退職慰労引当金を未払金に振り替える仕訳をします。

トレーニング問題

役員退職慰労金の当期末の要支給額を内規に基づき見積もり、当期の負担額120万円を引き当てました。

（解答欄）解答→215 ～ 216ページ

借方科目	金額	貸方科目	金額

第５章

貸借対照表「純資産の部」のおもな勘定科目の仕訳

本章のトレーニング問題につきましては、紙面の関係で、トレーニング問題に対する解答を書き込むための解答欄のスペースが十分に確保できていない箇所があります。解答していただく際には、余白などをご利用ください。

1 資本金の仕訳

株主からの出資は原則として資本金になる

株式会社は、株主からの出資を元手に事業活動を行っています。株主から出資を受けるのは、会社を設立したときや増資をしたときです。原則として、ここで受け入れた資金が資本金になります。ただし、受け入れた資金のうち、2分の1を超えない金額であれば資本金ではなく資本準備金に組み入れることもできます。

資本金は純資産の勘定科目です。そのため、仕訳では資本金が増えたときは貸方に、減ったときは借方に記載します。増える場合としては株主から払込みがあったときなど、減る場合は他の純資産の項目に組み入れるときなどです。

なお、株主からの払込みがなされても、払込期日の前日まではその効力は発生していません。つまり、払込期日の前日までは資本金ではないのです。払込期日の前日までの払込金は新株式申込証拠金という勘定科目で管理されます。そして、払込期日後に、新株式申込証拠金の金額を資本金に振り替える仕訳を作成します。

トレーニング問題

新株発行の払込期日になったため、払込金3000万円を資本金に振り替える処理をしました。

（解答欄） 解答→216ページ

借方科目	金額	貸方科目	金額

2 資本準備金の仕訳

資本金に組み込まれなかった出資は資本準備金に計上される

株主から出資を受けたとき、原則として払い込まれた資金は資本金になります。ただし、受け入れた資金のうち、2分の1を超えない金額であれば資本金ではなく資本準備金に組み入れることができます。そのため、会社を設立したときや増資をしたときに、資本金とともに資本準備金が増えていることがあります。

資本準備金は純資産の勘定科目です。このように株主からの出資金を資本準備金に組み入れた際の仕訳では、純資産の増加を表す貸方に資本準備金を記載します。

一方で、資本準備金を取り崩して、純資産のその他の項目（資本金やその他資本剰余金など）に組み入れることがあります。この場合は組み入れられたその他の純資産の残高が増える一方で、資本準備金の残高は減少します。純資産が減少した場合は借方に記入するため、このときの仕訳では資本準備金を借方に記載します。

トレーニング問題

資本準備金500万円を取り崩し、その他資本剰余金に組み入れました。

（解答欄） 解答→216 ～ 217ページ

借方科目	金額	貸方科目	金額

3 その他資本剰余金の仕訳

資本剰余金のうち資本準備金以外のものである

その他資本剰余金は、資本準備金と同じく、純資産の部の資本剰余金に含まれる勘定科目です。資本準備金を取り崩してその他資本剰余金に組み入れる場合や、自己株式を処分した際に処分価額が自己株式の取得価額を上回る場合などに生ずるものです。

その他資本剰余金は純資産の勘定科目です。そのため、仕訳においては、その他資本剰余金が増えたときは貸方に、減ったときは借方に記入します。増える場合としては、資本金や資本準備金を取り崩してその他資本剰余金に組み入れるときの他、自己株式の処分価額が自己株式の取得価額を上回り差益が生ずるときなどです。一方、その他資本剰余金が減る場合としては、その他資本剰余金を原資として配当を行ったときや、自己株式を償却したとき、自己株式の処分価額が自己株式の取得価額を下回り、差損が生ずるときなどです。

トレーニング問題

取得価額100万円の自己株式を処分しました。処分価格120万円は当座預金に入金されています。

（解答欄） 解答→217ページ

借方科目	金額	貸方科目	金額

4 利益準備金の仕訳

利益準備金は配当時に積み立てられる

利益準備金は、会社が過去に獲得してきた利益を原資としており、法律によって積み立てることが義務付けられているものをいいます。株主に剰余金を配当するときは、配当額のうち10分の１を利益準備金または資本準備金に積み立てなければなりません。利益準備金と資本準備金の合計が資本金の４分の１に達するまでは、配当の都度、積み立てる必要があります。これは、会社の債権者を保護するために、財務基盤を強化する目的で行うものです。

利益準備金は純資産の勘定科目です。そのため、仕訳においては、利益準備金が増えたときは貸方に、減ったときは借方に記載します。利益準備金が増えるのは、前述したように、配当の際に配当額の一部を利益準備金に組み入れるときです。また、利益準備金が減少するのは、利益準備金を取り崩しその他利益剰余金に組み入れるときです。ただし、利益準備金からその他利益剰余金に組み入れられるケースは限定されています。

トレーニング問題

繰越利益剰余金から500万円を配当することが株主総会で決議されました。なお、配当額の10分の１は利益準備金に積み立てます。

(解答欄) 解答→218ページ

借方科目	金額	貸方科目	金額

5 任意積立金の仕訳

社内に利益を留保するために会社が任意で積み立てる

任意積立金とは、株主総会の決議などにより、会社が任意でその他利益剰余金から積み立てた社内の利益留保額のことです。純資産の部の利益剰余金の中に表示される勘定科目です。利益剰余金には利益準備金とその他利益剰余金かあります。任意積立金はその他利益剰余金の中の項目で、任意積立金以外のその他利益剰余金は繰越利益剰余金と呼ばれます。任意積立金には特定の目的のために積み立てられるものの他、特定の目的を定めずに積み立てるものがあります。なお、貸借対照表上は、任意積立金ではなく、その内容に応じた勘定科目により表示されます。具体的には、圧縮積立金や別途積立金などがあります。

任意積立金は純資産の勘定科目ですので、仕訳では、増えたときは貸方に、減ったときは借方に記入します。そのため、任意積立金を積み立てるときの仕訳では貸方に、取り崩すときの仕訳では借方に記載することになります。

トレーニング問題

株主総会の決議により、別途積立金300万円を積み立てました。

（解答欄） 解答→218ページ

借方科目	金額	貸方科目	金額

第６章

損益計算書の
おもな勘定科目の仕訳

本章のトレーニング問題につきましては、紙面の関係で、トレーニング問題に対する解答を書き込むための解答欄のスペースが十分に確保できていない箇所があります。解答していただく際には、余白などをご利用ください。

1 売上高の仕訳

売上高を認識するタイミングは計上基準に従う

売上高とは、商品や製品の販売や、サービスの提供など、会社がメインとして行っている事業活動によって獲得した収益です。商品を客へ販売したときに、売上高という勘定科目を使います。

売上高を計上する際には、どの時点をもって販売したことになるのか、言い換えれば売上が実現したかどうかの判断基準である計上基準を理解する必要があります。計上基準は１つではありません。複数ある中で、会社の形態に最も適したものを採用します。おもな計上基準としては、①出荷基準、②引渡基準、③検収基準などがあります。それぞれ内容は以下の通りです。

① **出荷基準**

商品等が出荷された時点で売上を認識する方法です。

② **引渡基準**

商品等を相手へ引き渡した時点で売上を認識する方法です。引渡しが完了したがどうかの確認方法として、相手先より納品受領書を受け取ります。

③ **検収基準**

商品等を受け取った相手が検収した時点で売上と認識します。検収とは、商品に不具合などがないか検査をすることです。検収に合格すると、検収書が発行されます。

なお、返品や値引きをした場合は、売上高から直接差し引くか、売上返品や売上値引という勘定科目により処理します。

トレーニング問題①

商品を販売し、代金1万円を現金で受け取りました。

（解答欄） 解答→219ページ

借方科目	金額	貸方科目	金額

トレーニング問題②

得意先甲社へ100万円分の商品を引き渡し、甲社から検収書が送られてきました。代金は月末に請求書を発行し、翌月末に振り込まれる予定です。なお、当社は検収基準で売上を計上しています。

（解答欄） 解答→219ページ

借方科目	金額	貸方科目	金額

トレーニング問題③

乙商事へ掛けで販売した商品の中に注文と異なるものがあったため、3万円分の商品が返品されました。

（解答欄） 解答→219ページ

借方科目	金額	貸方科目	金額

トレーニング問題④

先月掛けで売り上げた商品5万円のうち、3,000円を値引きしました。なお、入金期日は今月末です。

（解答欄） 解答→220ページ

借方科目	金額	貸方科目	金額

2 仕入高の仕訳

仕入高は原則として発生主義により計上する

　仕入高とは、商品や材料等の仕入にかかった支出をいいます。仕入高は発生主義に基づき計上されるため、原則的にはモノの受け渡しが完了した時点で計上します。発生の認識は会社によって異なりますが、検収基準（116ページ）が一般的です。仕入れた商品等が検収に合格した時点で受け渡しが完了したということになり、仕入高という費用が発生します。なお、返品や値引きを行った場合には、仕入高を貸方へ記載してマイナスする方法や、仕入返品、仕入値引などの独立した科目で表示させる方法などにより処理します。

トレーニング問題①

　店舗で販売する商品を卸業者から現金１万円で購入しました。

（解答欄）解答→220ページ

借方科目	金額	貸方科目	金額

トレーニング問題②

　甲社より材料30万円の納品を受け、検収を済ませました。代金の半分は約束手形で支払い、残りの半分は１か月後に支払うことになっています。

（解答欄）解答→221ページ

借方科目	金額	貸方科目	金額

3 売上原価の仕訳

当期の売上高に対応している仕入高のことである

当期の売上高を上げるために必要となった仕入高のことを売上原価といいます。売上高から売上原価を差し引いたものが売上総利益です。

商品や材料を仕入れた際の仕訳では仕入高を計上しますが、この仕入高がそのまま売上原価となるわけではありません。なぜなら、仕入高には当期に販売されなかったもの、つまり当期の売上高には対応していないものも含まれているからです。当期に販売されなかったものは、当期末の在庫に含めなければなりません。一方で、当期首の在庫が販売された場合、その金額は当期の売上原価になります。つまり、売上原価を算定するためには、決算の仕訳で以下のような調整を行う必要があるのです。

売上原価 ＝ 当期首商品棚卸高 ＋ 当期仕入高 - 当期末商品棚卸高

この計算式では、当期首の在庫すべてがいったん当期に販売されたものと考え、そこから当期末に売れ残った分を差し引いています。

仕訳の方法としては、①仕入高勘定で売上原価を計算する方法、②売上原価勘定で売上原価を計算する方法があります。

①の方法では、当期首の在庫を仕入高に振り替えた後、当期末の在庫を仕入高から除きます。

当期首の在庫を振り替える仕訳：(借方) 仕入高　／(貸方) 繰越商品
当期末の在庫を除く仕訳：　　　(借方) 繰越商品／(貸方) 仕入高

これらの仕訳によって、期中の仕訳から決算の仕訳までの仕入高勘定の累計金額が売上高に対応します。

②の方法では、当期首の在庫と当期の仕入高をすべて売上原価に振り替え、当期末の在庫分だけ売上原価から除きます。

当期首の在庫を振り替える仕訳：(借方) 売上原価／(貸方) 繰越商品
当期の仕入高を振り替える仕訳：(借方) 売上原価／(貸方) 仕入高
当期末の在庫を除く仕訳：　　　(借方) 繰越商品／(貸方) 売上原価

上記の仕訳の累計により導き出された売上原価勘定の金額が、売上高に対応したものになります。なお、製造を行っている会社では仕入高ではなく製造原価を用いて計算します。

トレーニング問題①

決算において、仕入高勘定で売上原価を計算しました。なお。期首商品棚卸高は100万円、期末商品棚卸高は150万円、当期仕入高は500万円です。

(解答欄) 解答→221ページ

借方科目	金額	貸方科目	金額

トレーニング問題②

決算において、売上原価勘定で売上原価を計算しました。なお、期首商品棚卸高は200万円、期末商品棚卸高は120万円、当期仕入高は720万円です。

(解答欄) 解答→222ページ

借方科目	金額	貸方科目	金額

4 期末商品の評価と仕訳

商品の収益性の低下を仕訳に表す

市場環境が変わり需要が減ったときや商品の品質が低下したときなどは、商品の取得価額に比べて市場での売価が低くなることがあります。このような商品は収益性が下がっているものと考えられます。そのため、期末において商品の市場価格が帳簿価額を下回った分だけ、商品の帳簿価格を切り下げます。この切り下げた分は、評価損として売上原価に計上します。仕訳では、資産の減少を表す貸方に商品を、費用の発生を表す借方に売上原価を記載します。ここでの商品の市場価格とは正味売却価格と呼ばれ、売価から追加製造原価と販売直接経費を差し引くことで算定します。また、翌期において商品の帳簿価額切下げ額を戻し入れる方法と戻し入れない方法を選択適用できます。

ただし、税務上でも低価法（帳簿価額と時価のうち低い方を棚卸資産の評価額とする方法）を採用する場合は、税務署長に申請しなければならない点に注意が必要です。

トレーニング問題

期末において、商品の正味売却価額が帳簿価額を下回ったため、当該差額80万円を商品の帳簿価額から切り下げました。

（解答欄） 解答→223ページ

借方科目	金額	貸方科目	金額

5 販売費・一般管理費の分類

販売に関する活動のために支出する費用と、経営全般に関係する費用

「販売費及び一般管理費」とは、企業本来の営業活動である、商品や製品などの販売業務において発生した費用や本社の一般管理業務において発生した費用のことをいいます。

・販売費

会社が商品や製品などを販売するために支出したお金は、販売費という費用に分類されます。販売費に該当するのは運送料、広告宣伝費、販売手数料などの勘定科目です。これらの科目の他にも、会社の業態によってさまざまな勘定科目を設定することができます。本書における勘定科目でいえば、運賃（133ページ）・広告宣伝費（135ページ）が、販売費に該当する勘定科目に該当します。

・一般管理費

一般管理費とは、事業運営のために必要な管理を行うための費用をいいます。たとえば事務所の家賃や役員報酬および管理部門の社員の給料、交通費、水道光熱費、減価償却費など、会社経営全般に関係するような支出は、一般管理費に該当します。

ただし、同じ給料や旅費交通費であっても、たとえば営業マンの給料や旅費交通費は販売費に含まれるなど、内容に応じて販売費・一般管理費のどちらに該当するかが異なることもあるため、分類する際には注意しなければなりません。なお、日常の取引の仕訳をする際には、販売費や一般管理費という名称の科目は登場しないのですが、販売費や一般管理費に分類された勘定科目は、損益計算書上では「販売費及び一般管理費」という区分に表示されることになります。

6 給料の仕訳

給料から天引きする税金・社会保険料は預り金に計上する

社員やアルバイトへ支給する給料は、給料という科目で費用に計上します。給料からは、税金や社会保険料などが差し引かれて支給されます。少し複雑ですが、仕訳のパターンを覚えておくとよいでしょう。なお、賞与を支給する場合も処理は同じですが、「賞与」「賞与手当」など、給料と勘定科目を区別している場合もあります。

トレーニング問題①

アルバイトの給与３万円を現金で手渡しました。

（解答欄）解答→223ページ

借方科目	金額	貸方科目	金額

トレーニング問題②

従業員20人分の給与を振り込みました。その内訳は、以下の通りです。

①支給額　給与500万円・通勤手当30万円

②給与から徴収する金額　源泉所得税60万円・市民税20万円・健康保険料30万円・厚生年金保険料40万円

なお、給与は会社の普通預金口座から総合振込サービスを利用して振り込んでおり、振込手数料は4,000円でした。

（解答欄）解答→223ページ

借方科目	金額	貸方科目	金額

7 旅費交通費の仕訳

会社の旅費規定に従う

仕事中に利用した移動手段等の支出は、旅費交通費という科目で処理します。電車・バス・タクシーなど交通機関への支払い、高速道路の通行料、駐車場代などがこれに該当します。また、遠方へ出張した場合などの宿泊費、日当、手当も旅費交通費に含まれます。出張をした社員は出張報告書を作成し、旅費精算伝票と一緒に提出します。たとえ領収書がないような旅費交通費であっても、このように客観的にわかる記録を残しておきます。

ただし、仕事に関連していればすべて経費で処理できるというわけではなく、やはり常識の範囲で行うべきです。一般的には会社の旅費規程というもので、旅費精算が認められる距離や日当の金額、グリーン車の利用についてなど、詳細に定められています。旅費規程の範囲内が旅費交通費として計上できる範囲であるということです。精算を行う前には、必ず確認しておくようにしましょう。

また、取引先の接待や慰安などのために要した旅費や交通費は、税務上は交際費に含まれることに留意しましょう。

トレーニング問題①

営業部門の社員へ、外回りに要した電車・バス代2,000円を現金で渡しました。

（解答欄） 解答→224ページ

借方科目	金額	貸方科目	金額

トレーニング問題②

新規取引先を開拓するため、営業部の社員が他県へ出張し、以下の金額を立て替えたとの報告を受けました。

新幹線代24,000円・タクシー代5,000円・日当4,000円・ホテルの宿泊代20,000円

（解答欄）解答→224 ～ 225ページ

借方科目	金額	貸方科目	金額

トレーニング問題③

新製品開発の研究のため、関連分野の学会に出席しました。出張にかかった費用は、交通費および宿泊代３万円と懇親会の出席費用5,000円で、すべて現金で精算しました。

（解答欄）解答→225ページ

借方科目	金額	貸方科目	金額

トレーニング問題④

出張前の従業員に旅費交通費の概算額として10万円を渡していましたが、出張後に９万円を使用した旨の報告を受け、残りの１万円を現金で受け取りました。

（解答欄）解答→225 ～ 226ページ

借方科目	金額	貸方科目	金額

8 通勤費の仕訳

従業員の通勤にかかる交通費である

従業員やアルバイトが自宅から会社へ通うためにかかった交通費を会社が支給した場合には、通勤費という費用で処理します。電車・バス通勤の場合、１か月の支給額が10万円を超えると、給与とみなされて所得税がかかってしまいます。マイカー通勤の場合も、距離ごとに１か月の限度額が定められています。

トレーニング問題①

社員10名分の１か月の定期代15万円を、普通預金口座から振り込みました。

（解答欄） 解答→226ページ

借方科目	金額	貸方科目	金額

トレーニング問題②

給料日となったため、アルバイト３名の給料30万円と交通費５万円を、現金で支給しました。また、源泉所得税2,400円を支給額から源泉徴収しています。

（解答欄） 解答→226ページ

借方科目	金額	貸方科目	金額

9 福利厚生費の仕訳

従業員の福利厚生のために公平に支出される費用である

福利厚生費とは、働くモチベーションを向上させるために、すべての従業員に対して公平に給付される給料以外のサービスをいいます。

基本的に、福利厚生費は支出したときに仕訳をします。具体的には、従業員やその親族の慶弔見舞金（結婚祝い、香典など）、社員旅行や運動会といった社内の親睦活動にかかる費用、体育館や食堂などの厚生施設にかかる費用、従業員に支給する食事代や消耗品（トイレットペーパーなど）などが福利厚生費に含まれます。

なお、税法上、取引先など社外の人との接待等に要する食事代や社外の人に対して支給される慶弔見舞金は、交際費として処理することに注意が必要です。同様に、親睦会に社外の人が参加した場合は、社内の人に対してかかった費用も含めて、親睦会に要した費用を交際費として取り扱います。また、福利厚生費は「すべての従業員に対して公平に給付される」サービスにかかる支出ですので、社内の親睦活動に要する費用であっても、特定の役員や従業員を対象としている場合は社内交際費等に該当することに留意してください。

福利厚生費はその性質が給与と似ています。税法上給与となる場合、該当する従業員は所得税を納めることになるため、慎重に判断する必要があります。たとえば、従業員に提供している社宅については、税務上の適正家賃の半分以上を従業員から徴収していれば所得税はかかりません。しかし、従業員からの徴収金額が家賃の半分未満であった場合は、不足分が給与とみなされ所得税がかかってしまいます。また、社員旅行の場合は、一定の要件を満たせば、税法上給与とはみなされず、所得税がかかりません。具体的には、旅行の期間が４泊５日以内であり、全体の50％以上の人数が参加する旅行であって、会社の負担額が高額でなければ、その負担は福利厚生費とみなされます。

上記の他、健康保険料、厚生年金保険料、労働保険料といった社会保険料のうち、会社が負担する部分も福利厚生費に含まれます。これらの社会保険料は、従業員と会社で半分ずつ負担することになっています。従業員が負担する分については、会社が従業員の給料から天引きして「預り金」とした後、納付します。なお、会社が負担するこれらの社会保険料は、法定福利費として福利厚生費と区別することもあります。

トレーニング問題①

全従業員参加の運動会に要した費用30万円を現金で支払いました。

（解答欄）解答→227ページ

借方科目	金額	貸方科目	金額

トレーニング問題②

前月分の健康保険料62万円が、普通預金口座より引き落とされていました。その内訳は、従業員負担分31万円、当社負担分31万円でした。

（解答欄）解答→227ページ

借方科目	金額	貸方科目	金額

10 賃借料の仕訳

資産を借りた場合の使用料は賃借料である

事務所用の部屋を借りた場合や備品のリースなど、賃貸契約に基づいた資産の使用料は賃借料の科目で処理します。ただし、駐車場の一時預かりなどの使用料は旅費交通費になります。部屋代や駐車場代など不動産の使用料については、地代家賃、家賃などの科目を使う場合もあります。

トレーニング問題①

コピー機の年間リース料36万円が、普通預金口座より引き落とされました。

（解答欄）解答→227～228ページ

借方科目	金額	貸方科目	金額

トレーニング問題②

オフィスとして利用する部屋を賃借し、翌月分の家賃20万円を不動産業者へ普通預金から振り込みました。振込手数料は500円で、当社が負担しています。

（解答欄）解答→228ページ

借方科目	金額	貸方科目	金額

11 役員報酬・役員賞与・役員退職金の仕訳

役員の職務執行の対価である

会社の取締役や監査役など、役員の職務執行の対価として支給する報酬は、役員報酬として一般管理費に計上します。常勤の役員に対する報酬は、一般的には毎月同額であり、社員の給料と同様の処理です。また、年に１～２回の賞与が支給された場合には、役員賞与という科目で処理します。勘定科目については特に決まりはなく、役員報酬や役員給与を使う場合もあります。

役員が退任して退職金が支給された場合には、役員退職金という科目で処理をします。役員退職金は、株主総会の決議により支給が決定されます。その金額は、おもに役員退職金規定という社内で作成された算定根拠に基づいて計算されます。

なお、これらの役員に対して支給される報酬については、税法上で厳しい規定があり、過度に高額な報酬を支給することは認められていません。

トレーニング問題①

当社の取締役に対する役員報酬100万円から、源泉所得税10万円、市民税５万円、健康保険料５万円、厚生年金保険料８万円を控除して普通預金口座から振り込みました。

（解答欄）解答→228ページ

借方科目	金額	貸方科目	金額

トレーニング問題②

当社の取締役甲氏が居住しているマンションの家賃は、会社が負担しており、毎月普通預金口座から引き落とされています。なお、家賃については数年間変更がなく、月額15万円です。

（解答欄） 解答→229ページ

借方科目	金額	貸方科目	金額

トレーニング問題③

当社の取締役に対して、賞与100万円を支給しました。源泉所得税16万円、厚生年金保険料８万円を差し引いて、普通預金口座より振り込みました。

（解答欄） 解答→229ページ

借方科目	金額	貸方科目	金額

トレーニング問題④

株主総会の決議により、退任した役員へ退職金1000万円の支給が決定しました。

（解答欄） 解答→230ページ

借方科目	金額	貸方科目	金額

12 租税公課の仕訳

会社が支払った税金は租税公課となる

租税公課とは、国や地方自治体に支払った税金や賦課金のことをいいます。会社を経営していく上で必ず発生するもので、支出した分は費用として計上します。たとえば印紙税、固定資産税、自動車税、不動産取得税、登録免許税などが租税公課に該当します。なお、法人税、住民税、事業税については「法人税等（法人税、住民税及び事業税）」という勘定科目で表示されます（158ページ）。

職務中にスピード違反などで社員に罰金が科せられた場合も、会社が負担すれば租税公課になりますが、税法上では経費とすることが認められていません。

トレーニング問題①

収入印紙３万円分を現金で購入し、領収書を発行するために使用しました。

（解答欄）解答→230ページ

借方科目	金額	貸方科目	金額

トレーニング問題②

自動車税10万円を現金により納付しました。

（解答欄）解答→230ページ

借方科目	金額	貸方科目	金額

13 運賃の仕訳

商品等を運搬するための支出である

運送業者等を利用して、商品や製品などを運搬するために支出した金額は、おもに運賃として処理します。また、材料・商品などの棚卸資産や機械・設備などの資産の引取運賃は、その資産の取得価額に含めることになっています。自社のトラックで配達している場合のガソリン代などは、運賃とする場合や消耗品費に含める場合など、さまざまです。内部で管理しやすい方法を採用するとよいでしょう。

トレーニング問題①

遠方の得意先へ、製品10個を宅配便で送りました。送料2,000円は当社が負担して現金で支払いました。

（解答欄）解答→231ページ

借方科目	金額	貸方科目	金額

トレーニング問題②

営業所へパンフレット2,000部を、郵便小包で送りました。送料1,000円は、窓口で現金で支払いました。

（解答欄）解答→231ページ

借方科目	金額	貸方科目	金額

14 通信費の仕訳

電話代や郵便代は通信費である

電話やインターネットの利用料、郵便物の送付代などは通信費という科目で処理します。通信費とは、仕事上の相手への連絡にかかった費用です。ただし、パンフレットやチラシなどをダイレクトメールで大量に発送する場合は、広告宣伝費として処理する場合もあります。

なお、年賀状を出した場合、宣伝目的で大量に発送した場合は広告宣伝費です。しかし、他の勘定科目とのバランスから見て少額であれば、印刷代も含めて通信費として差し支えありません。

トレーニング問題①

切手代１万円を現金で支払いました。

（解答欄） 解答→231ページ

借方科目	金額	貸方科目	金額

トレーニング問題②

営業社員に持たせている携帯電話の使用料５万円が、普通預金口座より引き落とされました。

（解答欄） 解答→232ページ

借方科目	金額	貸方科目	金額

15 広告宣伝費の仕訳

商品などの宣伝に使った費用は広告宣伝費で処理する

販売する商品や会社名などを周知させるための支出は、広告宣伝費という科目で処理します。たとえば新聞や雑誌、テレビ、インターネットなどの媒体を利用した広告代や、チラシ・パンフレットの製作費用などです。一般消費者へ配布するための試供品や社名入りの品物の製作代も、広告宣伝費に該当します。このように、広告宣伝費は不特定多数を対象としているのが特徴です。なお、得意先の社員など、限られた人が支出の相手先である場合は、原則として交際費になります。混同しやすいので注意しましょう。

トレーニング問題①

業界雑誌へ広告を出し、広告料10万円を小切手で支払いました。

(解答欄) 解答→232ページ

借方科目	金額	貸方科目	金額

トレーニング問題②

販売促進のためのキャンペーンを行い、抽選ハガキによる応募者のうち２名を国内旅行に招待しました。旅行費用15万円を未払金として計上しています。

(解答欄) 解答→232 ～ 233ページ

借方科目	金額	貸方科目	金額

16 光熱費の仕訳

電気・ガス・水道の使用料である

電気やガス、水道などの使用料は、光熱費として処理をします。水道光熱費という科目を使用する場合もあります。なお、製造業の場合は、工場で発生した光熱費と本社事務所で発生した光熱費とを区分します。これは、工場の経費を製品の原価に含める計算を行うためです。

光熱費は、経過した期間に応じて計上します。期末において支払期日が未到来の光熱費についても、未払費用（96ページ）とともに計上する必要があります。毎月の光熱費が正しく計上されているか、総勘定元帳などでチェックをするようにしましょう。

トレーニング問題①

当月分の電気代３万円が、普通預金口座から引き落とされました。

（解答欄）解答→233ページ

借方科目	金額	貸方科目	金額

トレーニング問題②

当期３月分の電気代10,000円の支払期日が未到来のため、決算において未払費用を計上しました。

（解答欄）解答→233ページ

借方科目	金額	貸方科目	金額

17 支払手数料の仕訳

銀行の振込手数料や仲介手数料などのことである

支払手数料とは、銀行の振込手数料、売買契約の仲介手数料、税理士や公認会計士などへの顧問料などのことをいいます。

支払手数料は費用の勘定科目ですので、手数料を支払ったときの仕訳では借方に支払手数料を記載します。なお、税理士などの外部の専門家に報酬を支払うときは、報酬から所得税と復興特別所得税を徴収し、税務署に納付する必要があります。

トレーニング問題①

買掛金15万円を普通預金から振り込んだ際に、振込手数料600円がかかりました。

（解答欄）解答→233 ～ 234ページ

借方科目	金額	貸方科目	金額

トレーニング問題②

顧問税理士に対し報酬30万円を普通預金から振り込みました。なお、報酬の10.21%を源泉徴収しています。

（解答欄）解答→234ページ

借方科目	金額	貸方科目	金額

18 新聞図書費の仕訳

新聞・雑誌・書籍の購入費用である

業務上に必要な書籍を購入するために支出した金額は、新聞図書費で処理します。たとえば新聞や業界雑誌の定期購読料や、情報収集のために購入した書籍や雑誌の購入費用などは、この新聞図書費に該当します。

ただ、この新聞図書費は、どの会社でも必ず発生するような科目とはいえません。他の費用に比べて極端に少額である場合は、雑費などに含める場合もあります。また、特定の調査や資料集めのための書籍代については、研究費や調査費などの科目に分類する場合もあります。

トレーニング問題①

当月の新聞代4,000円を現金で支払いました。

(解答欄) 解答→235ページ

借方科目	金額	貸方科目	金額

トレーニング問題②

業界雑誌を定期購読し、年間購読料２万円を普通預金口座より振り込みました。

(解答欄) 解答→235ページ

借方科目	金額	貸方科目	金額

19 会議費の仕訳

会議中に提供した茶菓・弁当代は会議費で処理する

取引先や社内における会議・打ち合わせに要した支出は会議費で管理します。たとえば打ち合わせ時に出した茶菓や弁当代、貸会議室等の使用料などです。喫茶店やレストランなどで打ち合わせをしながら食事をした場合にも、会議費として費用に計上することができます。ただし、仕事の一環として食事をした場合に限られますので、過度に高額なものは交際費とするべきでしょう。

トレーニング問題①

社内で会議を行った際の弁当代１万円と会議室使用料２万円を小切手で支払いました。

（解答欄） 解答→235 ～ 236ページ

借方科目	金額	貸方科目	金額

トレーニング問題②

会議室に取引先を招いて新製品のプレゼンテーションを行いました。終了後に参加者で軽食をとりながら打ち合わせを行いました。食事代１万円は当社が負担し、現金で支払いました。

（解答欄） 解答→236ページ

借方科目	金額	貸方科目	金額

20 保険料の仕訳

契約期間が到来した保険料が費用になる

保険料とは、たとえば事務所建物の火災保険など、会社が損害保険や生命保険の掛金として支出した費用をいいます。保険料は前払いすることもありますが、すでに契約期間が到来した部分が費用になります。

なお、保険の内容によっては、負担した保険料を保険積立金として資産へ計上する場合や、社員への給料として取り扱う場合もあります。

トレーニング問題①

当月分の事務所用建物の火災保険料10万円が、普通預金から引き落とされました。

（解答欄）解答→236ページ

借方科目	金額	貸方科目	金額

トレーニング問題②

３年前に損害保険を契約し、保険料５年分600万円を一括で振り込みました。未経過分は長期前払費用に計上しています。年度末となったため、当期１年分の保険料120万円を費用に計上しました。

（解答欄）解答→236～237ページ

借方科目	金額	貸方科目	金額

21 修繕費の仕訳

現状維持のための支出は修繕費である

機械や建物などの修理のための支出は、修繕費で処理します。おもに資産を元の状態へ戻すための修理やメンテナンス費用は修繕費に分類されます。ただし、修理によっては固定資産の使用可能期間が延びたり、機能が強化される場合があります。このように、固定資産の価値を高める結果となる場合は、修繕にかかった支出は費用ではなく固定資産に計上します。この場合の支出を資本的支出といいます。たとえば建物に非常階段を取り付けたり、性能のよいものに改良したりした場合などは資本的支出に該当します。資本的支出として固定資産に計上された後は、耐用年数に基づき減価償却を行います。

修繕費は固定資産の維持管理や現状回復に必要な支出であり、資本的支出は固定資産の価値を高める支出だといえます。修繕のための支出をどちらに分類するかは、その支出の内容を見て判断しますが、それでも判断に迷うことがあります。そのため、一般的には法人税法における判定方法に基づき判断することになります。具体的には、以下に項目に該当する場合は修繕費と判断されます。

・20万円未満のもの
・概ね３年未満の短い周期で行われるもの
・修繕費が資本的支出かについて、判別がつかない場合は①、②のいずれかに該当するもの
　①　支出金額が60万円未満のもの
　②　支出金額が前期末における資産の取得価額の概ね10％相当以下のもの

ただし、修繕のための支出金額が60万円未満であったり、前期末に

おける資産の取得価額の10%相当以下であったとしても、支出の実態からして資本的支出であることが明らかな場合は、資本的支出として処理します。

トレーニング問題①

社有車の車検費用15万円を小切手で支払いました。内訳は以下の通りでした。

修繕費用（部品交換等）８万4,000円　自動車重量税16,800円

自賠責保険15,800円　収入印紙代1,000円　事務手数料32,400円

（解答欄）解答→237ページ

借方科目	金額	貸方科目	金額

トレーニング問題②

機械の修理代18万円を現金で支払いました。

（解答欄）解答→238ページ

借方科目	金額	貸方科目	金額

トレーニング問題③

事務所建物の改装工事を行い、業者に対して800万円を約束手形で支払いました。うち500万円は非常階段の取り付け費用で、残りは外壁のひび割れなど、原状回復のための支出でした。

（解答欄）解答→238ページ

借方科目	金額	貸方科目	金額

22 消耗品費の仕訳

少額の備品購入費用は消耗品費で処理する

道具やガソリンなど、少額の備品や消耗品を購入した場合には、消耗品費という費用科目で処理します。文房具などの事務用品には、一般的には事務用品費という科目が使われます。

なお、備品を購入した場合、資産または消耗品費のいずれの科目で処理をするか、金額や使用可能期間から判断する必要があります。使用可能期間が1年未満のものや取得価額が10万円未満のものについては、消耗品費として、当期の経費に計上することができます。さらに、資本金が1億円以下で、一定の中小企業者に該当する場合には、税法上の特例があります。特例が適用されると、取得価額が30万円未満であれば消耗品費として計上することができます。

トレーニング問題①

コピー用紙を購入し、代金2万円を現金で支払いました。

（解答欄）解答→238 ～ 239ページ

借方科目	金額	貸方科目	金額

トレーニング問題②

製品の写真を記録するために、8万円のデジタルカメラを現金で購入しました。

（解答欄）解答→239ページ

借方科目	金額	貸方科目	金額

23 寄附金の仕訳

対価性のない支出である

会社がお金や資産を他の者に贈与した場合、その贈与した金額は寄附金として処理します。たとえば寺や神社、赤十字、共同募金会などへお金を寄附した場合などが挙げられます。たとえば物を安い価格で譲渡する、借金を免除するなどの、経済的利益を相手に与えた場合も、寄附金が発生したことになります。寄附金は交際費と誤りやすいかもしれませんが、寄附金には支払いに対する見返りがなく、対価性のない支出であるという点が特徴です。

寄附金は、営利を追求するために必要な支出とは言いきれない部分があります。そこで、法人税法では、経費として認められる寄附金の額について、一定の限度が設けられています。

トレーニング問題①

地域の夏祭りへの寄附として、10万円を現金で支払いました。

(解答欄) 解答→239ページ

借方科目	金額	貸方科目	金額

トレーニング問題②

当社の本店をおくA県の県立高校の水泳部が全国大会へ出場するにあたり、地域貢献の目的で50万円の協賛金を小切手で支払いました。

(解答欄) 解答→240ページ

借方科目	金額	貸方科目	金額

24 交際費の仕訳

取引を円滑にするための飲食や贈答のための費用である

取引先との関係を円滑にするため、事業の一環として一緒に食事をしたり、中元や歳暮を贈ったりする場合があります。このような支出は交際費といって費用として取り扱われます。交際費のおもな具体例としては、飲食代や贈答品の費用の他に、香典や祝金などの冠婚葬祭費用、観劇チケットや旅行、ゴルフのプレー代などが挙げられます。

交際費は、福利厚生費や会議費、広告宣伝費など、他の勘定科目と混同しやすいケースも多いので、注意が必要です。

ところで、会社の交際費の処理に関していえば、法人税法の取扱いも理解しておく必要があります。交際費は役員や従業員の私的な支出がまぎれこみやすいこともあり、法人税法では、交際費として経費に計上できる金額に上限が設けられています。これを損金算入限度額といいます。損金算入限度額は、大企業と中小企業で異なります。まず大企業は、飲食のために支出する交際費の50%までを経費として計上することができます。一方、資本金１億円以下の中小企業の場合は、年間800万円と、飲食のために支出する交際費の50%とを比較してどちらか大きい方の金額までを経費とすることができます。仮にこの金額を超えて交際費として処理をした場合、超えた金額については税金を計算する上で経費として認められませんが、交際費として計上した金額を取り消す必要はありません。

なお、たとえ内容が交際費でも、税法上は交際費と認識しなくてよいものがあります。それは「１人あたり5,000円以下の飲食費」です。社外の人と飲食店等で会食を行った場合には、一度の飲食代を参加者の人数で割った金額が5,000円以下であれば、一定の記録を残しておくことを要件に全額経費に計上することが可能です。これは大企業でも中小企業でも同じ扱いになります。交際費と区別するために、飲食費や会議費などの科目を使うこともできます。

トレーニング問題①

得意先の社長が亡くなったため、葬儀に出席し、香典として２万円の現金を渡しました。

（解答欄） 解答→240ページ

借方科目	金額	貸方科目	金額

トレーニング問題②

取引先の担当者をゴルフに招待し、プレー代５万円を現金で支払いました。

（解答欄） 解答→240ページ

借方科目	金額	貸方科目	金額

トレーニング問題③

社内打ち合わせ後に、当社の役員および社員８名が居酒屋で飲食をしました。代金は現金で５万円を支払いました。

（解答欄） 解答→241ページ

借方科目	金額	貸方科目	金額

25 貸倒損失の仕訳

金銭債権を回収できなくなったことによる損失である

相手先の財政状態が悪化するなどして、売掛金や貸付金といった債権を現預金として回収できなくなることがあります。これを貸倒れといいます。

あらかじめ貸倒引当金を計上している場合は、過去に貸倒れの損失を計上済みです。そのため、債権が貸倒れとなった場合には、貸倒引当金を取り崩すことで対応します。しかし、貸倒引当金を計上していなかった場合は、当期に貸倒れによる損失を認識しなければなりません。これが貸倒損失です。

売掛金など営業取引による債権の貸倒損失については、損益計算書上は販売費及び一般管理費に表示されます。また、営業外取引による債権の貸倒損失は営業外費用、臨時かつ巨額の貸倒損失は特別損失に表示します。

なお、税法上は、貸倒損失として損金処理できる要件が定められていますので、注意が必要です。

トレーニング問題

取引先が倒産したため、売掛金100万円を貸倒れとして処理しました。なお、貸倒引当金を80万円計上しています。

（解答欄） 解答→241ページ

借方科目	金額	貸方科目	金額

26 雑費の仕訳

重要性の低いものは雑費に分類する

他のどの勘定科目にも分類できないものは、雑費という勘定科目で計上します。特に少額の費用については、重要性のあるものを除き、雑費にまとめてしまっても差し支えありません。ただし、他の勘定科目とのバランスを考え、雑費が多くなり過ぎないように注意しましょう。

トレーニング問題①

エアコンの清掃を依頼し、料金５万円を現金で支払いました。この費用の処理について、特段に勘定科目を設けていません。

（解答欄） 解答→242ページ

借方科目	金額	貸方科目	金額

トレーニング問題②

取引先である甲社社長が書いた本が出版されたため、勉強のために２万円分現金で購入し、社内に配布しました。なお、当社では、通常は書籍などの購入費用は発生していないものとします。

（解答欄） 解答→242ページ

借方科目	金額	貸方科目	金額

27 受取利息の仕訳

預金や貸付金から生ずる利子である

普通預金や定期預金などの口座へ一定期間お金を預け入れると、利息がつきます。また、取引先等への貸付金についても、契約に沿った利息を得ることができます。受け取った利息は、たとえ少額でも、営業外収益として受取利息という勘定科目で計上します。

預金の利息の場合、入金された金額は税金が差し引かれた後の金額です。利息にかかる税金は法人税等や租税公課などの勘定科目で計上しておく必要があります。内訳は、源泉所得税および復興特別所得税（国税）が15.315％、道府県民税利子割（地方税）が５％で、合計20.315％です。銀行等が発行する計算書等がない場合、受取金額から計算することもできます。受取利息と税額の計算方法を見ていきます。

入金額から利息全額を算出した後、所得税、地方税、復興特別所得税をそれぞれ計算します。計算式は以下のようになります。

①受取利息の額「入金額」÷79.685％（0.79685）＝A

②所得税　A×15％＝B

③地方税　A×５％＝××

④復興特別所得税　B×2.1％＝△△

トレーニング問題

１年満期の定期預金に利息がつき、残高が15,937円増加しました。

（解答欄）解答→242ページ

借方科目	金額	貸方科目	金額

28 受取配当金の仕訳

株式等を保有することで得られる収益である

株式等を保有して配当を受け取った場合、受取配当金という収益科目で処理します。受取配当金は、損益計算書上では営業外収益に表示されます。

配当には税金がかかります。上場株式等の配当であれば、税率は所得税および復興特別所得税が15.315％と地方税５％がそれぞれ徴収されます。非上場株式の配当であれば、地方税はなく、所得税および復興特別所得税で合計20.42％が源泉徴収されます。計算書などで確認するようにしましょう。なお、配当の額や税額は、入金された金額から逆算して計算することができます。上場株式等の配当は、受取利息と同様です。非上場株式については、以下のようになります。

①受取配当金の額「入金額」÷79.58％（100％－20.42％）＝A

②所得税　A×20％＝B

③復興特別所得税　B×2.1％＝△△

トレーニング問題

保有する株式の配当金が当座預金へ振り込まれていました。計算書をみると、内訳は以下の通りでした。

株主配当金200,000円・源泉所得税30,000円・復興特別所得税630円・道府県民税利子割10,000円・振込金額159,370円

（解答欄）解答→243ページ

借方科目	金額	貸方科目	金額

29 家賃収入の仕訳

建物を貸すことにより受け取る家賃である

建物を貸しているときに受け取る家賃を家賃収入といいます。不動産の貸付けを本業としていない限りは、家賃収入は本来の営業目的以外で得た収益です。そのため、損益計算書上では、家賃収入を営業外収益として表示します。ただし、不動産の貸付けを本業としている場合、家賃収入は本来の営業活動により得たものですので売上高（営業収益）に含めます。

トレーニング問題①

今月分の家賃20万円を現金で受け取りました。

（解答欄） 解答→244ページ

借方科目	金額	貸方科目	金額

トレーニング問題②

当年度分の家賃50万円を受け取っていないため、決算において未収収益に計上しました。

（解答欄） 解答→244ページ

借方科目	金額	貸方科目	金額

30 仕入割引の仕訳

前倒しで買掛金を支払った時に受ける割引である

仕入割引とは、仕入れを行ったときに生じた買掛金について、支払期日よりも前倒しして現金を支払った場合に受ける割引のことをいいます。

通常、買掛金の中には支払期日までの利息も含まれています。その買掛金を前倒しで支払ったことにより、支払期日までの利息が一部免除されたものが仕入割引です。このように仕入割引は金融上の収益であると考えられるため、損益計算書上は営業外収益に表示されます。仕入高から直接控除される仕入値引とは性格が異なるものです。

仕入割引は仕入代金の割引ですので、仕訳では収益の発生を表す貸方に仕入割引を記載します。同時に買掛金の決済もなされていると考えられますので、仕訳の借方には買掛金、仕訳の貸方には割引後の買掛代金を支払う現金や預金が記載されます。

トレーニング問題

支払期日前に買掛金30万円を普通預金から支払い、1,500円の割引を受けました。

（解答欄） 解答→244 ～ 245ページ

借方科目	金額	貸方科目	金額

31 雑収入の仕訳

少額で、どの勘定科目にも当てはまらない営業外の収益である

営業外の収益のうち、他のどの勘定科目にも当てはまらず、金額が少さいものを管理するのが雑収入です。損益計算書上は、営業外収益の中に表示されます。税金の還付金、不用品の売却により受け取る現預金、保険収入、現金過不足などで、金額的に重要でない場合は雑収入に含められますが、厳密に雑収入の項目が定められているわけではありません。なお、継続的に発生する、または金額的に重要である収益は、新たに独立した勘定科目を設けることが望ましいといえます。

トレーニング問題①

備品を売却し、売却代金として500円を現金で受け取りました。売却した備品は、購入時に消耗品費の勘定科目で処理しています。

（解答欄）解答→245ページ

借方科目	金額	貸方科目	金額

トレーニング問題②

所得税の還付金1,000円が普通預金に振り込まれました。

（解答欄）解答→245～246ページ

借方科目	金額	貸方科目	金額

32 支払利息の仕訳

借入れに対する利子の支払いである

銀行借入などに対する利子の支払いがあれば、支払利息という科目で営業外費用に計上します。また、社債を発行している場合の利息は社債利息という科目で計上します。営業外費用とは、営業活動との直接的な関わりはないが、事業活動を続ける上で必ずかかる費用のことをいいます。支払利息の場合、借入れという行為に付随して発生するため、営業外費用に分類されます。

トレーニング問題①

甲社は乙銀行から事業資金の借入れをしており、毎月返済をしています。当月は、借入金の返済額として20万円が、借入金の利息として２万3000円が当座預金から引き落とされていました。

（解答欄）解答→246ページ

借方科目	金額	貸方科目	金額

トレーニング問題②

取引先から運転資金1000万円を借り入れました。元本は１年間据置で、現在利息のみを支払っています。当月は50万円の利息を直接小切手で支払いました。

（解答欄）解答→246ページ

借方科目	金額	貸方科目	金額

33 売上割引の仕訳

前倒しで売掛金を回収した時に行う割引である

売上割引とは、入金期日よりも前倒して売掛金が支払われた場合に行う売掛金の割引をいいます。この割引を仕入先から見ると、早期の支払いにより買掛金の一部が免除されているものであり、仕入割引に該当します。

通常、売掛金の中には入金期日までの利息も含まれています。入金期日よりも前に売掛金を回収できたことにより、入金期日までの利息を一部免除したものが売上割引です。このように売上割引は金融上の費用であると考えられるため、売上高から直接控除せずに、営業外費用として計上します。売上高から直接控除される売上値引とは性格が異なるものです。

売上割引は金融上の費用ですので、仕訳では費用の発生を表す借方に売上割引を記載します。同時に売掛金の決済もされていますので、仕訳では資産の減少を表す貸方に売掛金を、借方には割引後の売掛代金に対して入金された現金や預金が記載されます。

トレーニング問題

入金期日前に売掛金150万円が回収されるため、売掛金から2,000円を割引しました。残りの売掛代金は当座預金に入金されています。

（解答欄）解答→247ページ

借方科目	金額	貸方科目	金額

34 雑損失の仕訳

該当する勘定科目がなく、金額的に重要性の低い営業外の費用である

営業外の費用のうち、他に当てはまる勘定科目がなく、金額的にも重要性が低いものを管理する勘定科目が雑損失です。損益計算書上は、営業外費用の中に表示されます。現金の過不足、罰金や延滞税などの税金、盗難等による損失などで、少額である場合は雑損失として処理されますが、雑損失の定義が決まっているわけではありません。雑収入と同じく、金額に重要性があったり、継続的に発生する項目については、新たに勘定科目を設けた方がよいでしょう。

トレーニング問題①

決算において、現金300円が不足していることが判明しました。原因が不明であったため、この不足分を雑損失として処理しました。

（解答欄） 解答→247ページ

借方科目	金額	貸方科目	金額

トレーニング問題②

罰金8,000円が課せられたため、普通預金から支払いました。

（解答欄） 解答→248ページ

借方科目	金額	貸方科目	金額

35 特別損益の仕訳

経常的に発生しない損益は特別損益に分類する

たとえば売買目的ではない資産をたまたま売却した場合や災害にあって損失を受けた場合、発生した利益や損失は特別利益または特別損失として計上します。おもな特別損益の科目には、固定資産売却損益、投資有価証券売却損益、災害損失などがあります。特別利益や特別損失に分類することで経常的には発生しない損益であることを表しています。

トレーニング問題①

帳簿価格1000万円の遊休地を1200万円で売却しました。売却の手続きは済ませましたが、代金はまだ振り込まれていません。

（解答欄） 解答→248ページ

借方科目	金額	貸方科目	金額

トレーニング問題②

倉庫が火災被害にあい、倉庫内の商品1000万円とともに全焼してしまいました。倉庫の帳簿価格は500万円でした。なお、片付け等に要した費用50万円は、現金で支払いました。

（解答欄） 解答→248 ～ 249ページ

借方科目	金額	貸方科目	金額

36 法人税等の仕訳

法人税・法人住民税・事業税の額は法人税等で表示する

会社の一事業年度中の儲けに対しては、法人税、法人住民税、事業税がかかります。これらの税金は、法人税等（法人税、住民税および事業税）として計上します。損益計算書では、利益と税額を対比させるため、いったん税引き前当期利益を表示させた後、法人税等と税引き後の当期利益が表示されています。

法人税の申告は毎期会社の決算の都度行います。計算した納付金額は、貸方科目を未払法人税等として、確定金額を計算した段階で計上する方法が一般的ですが、納付した段階で計上する場合もあります。

トレーニング問題①

当期の法人税10万円、法人住民税20万円、事業税５万円でした。

（解答欄）解答→249ページ

借方科目	金額	貸方科目	金額

トレーニング問題②

中間申告を行い、法人税7万円と法人住民税10万円を当座預金から納付しました。

（解答欄）解答→249ページ

借方科目	金額	貸方科目	金額

第７章

決算書の作り方

1 まず試算表から作成する

決算書を形作っていくためのたたき台になる

試算表を作るということ

試算表とは、勘定科目別に集計した表形式の書類です。英語でトライアルバランス（T/B）ともいいます。経理担当者が地道に行ってきた仕訳作業の、最終チェックに用いるのが試算表です。そして試算表に集計された数字を一定の型式にあてはめたものが決算書です。つまり試算表は、決算書を形作っていくためのたたき台ということになります。ざっくりとした説明になってしまいますが、複式簿記とは、お金の流れを左右に分けて表示する方法です。イメージとしては、お金が左から入って右へ出ていく流れで表示されます。

わかりやすいように、「現金」という勘定科目で例をあげてみます。「現金」の残高は貸借対照表上では左側の「借方」の上部に表示されています。これは1年間の事業活動の結果、左から入ってきたお金のうち金庫に残った残高ということになります。貸借対照表上の「現金」欄の数字は、試算表上の「現金」の金額がそのまま転記されます。要するに、試算表は決算書の基となるすべての要素がつまっているということです。

では、試算表とはどのような形式なのでしょうか。

試算表には、合計試算表、残高試算表、合計残高試算表の3種類があります。外部に公表する書類ではありませんが、1か月、半年、1年ごとなど必要に応じて随時作成されます。

合計試算表は、勘定科目ごとの借方、貸方それぞれに発生した累計金額が表示されます。残高試算表は、勘定科目ごとの一定時点の残高のみが表示されます。合計残高試算表は、合計試算表と残高試算表が合体したような形式で、科目ごとの借方、貸方それぞれの累計金額と差引残高の両方が表示されています。

再び「現金」の例で見てみましょう。期首の残高が1,000円、プラスである借方の取引合計は10,000円、マイナス項目である貸方項目の取引合計は5,000円、差し引いて年度末の残高が6,000円であったとします。合計試算表の場合、借方11,000円、貸方5,000円と表示されます。残高試算表の場合、借方に6,000円のみ表示されます。合計残高試算表の場合、借方11,000円、貸方5,000円、さらに借方の残高欄に6,000円と表示されます。

決算書は外部へ提出するために作成する書類ですので、四半期、半年、1年ごとなど、作成時期は決まっています。一方、試算表は、会社の内部で作成されるものなので、会社内の都合に合わせて作成することができます。さらに決算書のもとになる情報はすべてそろっているため、有効活用すれば会社運営の非常に強い味方ともなりえます。

ミスがないように気をつける

このように、試算表は「仕訳帳→総勘定元帳」という転記のプロセスにおいて誤りがなかったかどうかを、①総勘定元帳の全集計（合計または残高試算表）における貸借の一致、と②総勘定元帳の全集計（合計試算表）における貸借の合計額と仕訳帳の貸借合計額の一致、との二面から確認（試算）を行う計算書です。

試算表は「転記が正しく行われたか」、つまり仕訳帳と総勘定元帳を比較して「転記」について確認を行うためのものであるため、「試算表の作成」自体を誤ってしまうと元も子もなくなってしまいます。これに十分注意をしなければなりません。

よく起こりがちなミスとしては、合計試算表を作るつもりが一部残高試算表になってしまっている（あるいはその逆）というケースです。残高試算表は「残高」を表示するものであるため、それぞれ各勘定項目において借方または貸方のどちらかにしか数字が表示されません。他方、合計試算表の場合は、①借方と貸方両方に数字が表示されるまたは②借方または貸方のどちらかに数字が表示されるという２つのパターンがあります。この点に十分注意しながら試算表の作成を行うことで、「合計」・「残高」の混同というミスが防ぎやすくなります。

また、試算表への記入の前段階、つまり各勘定の集計を行う際の計算ミスにも注意が必要です。

試算表から決算書を作成するときに注意すること

試算表では設定した勘定科目ごとに１つずつ残高が表示されていますが、決算書ではある程度簡略化したり名称を変えたりして表示されている場合があります。たとえば、「現金」と「預金」を「現金・預金」と統合したり、規模の大きい会社では数値を千円単位や百万円単位で表示したりといった方法です。形式的なところでいえば、借方と貸方を左右に並べて表示する「勘定式」か、縦に上から表示する「報告式」かといったところも、会社によって異なります。これらの表示方法が過去の決算書と一貫性がなければ非常に読みづらいものになってしまいます。社内で表示方法のルールを定めて、それに従って作成されているかを確認する必要があります。

また、決算書は債権者、株主など外部の者への報告のための書類ですので、提出先の求める形式に合わせなければなりません。通常は各年度ごとに、税務署や株主、上場企業等の場合金融庁等への提出に向けて、提出先の定める表示方法や計算方法で作成していくのですが、この決算書を公的機関等への諸手続きのために提出するという場合もあります。この場合、法令等で独自の形式が定められていることもありますので、自社の決算書の形式が提出先に対応したものであるかどうか、確認が必要となります。

■ 合計試算表と残高試算表 ……………………………………

合計試算表

平成27年3月31日

借方	勘定科目	貸方
800,000	現金	300,000
15,000,000	普通預金	10,000,000
20,000,000	定期預金	
18,400,000	受取手形	9,000,000
19,700,000	売掛金	6,900,000
3,000,000	繰越商品	
350,000	未収入金	300,000
250,000	前払費用	
40,000,000	建物	
5,050,000	車両運搬具	50,000
2,000,000	什器備品	
15,000,000	支払手形	25,000,000
11,400,000	買掛金	18,900,000
150,000	未払金	220,000
	未払費用	150,000
400,000	預り金	750,000
500,000	短期借入金	5,500,000
1,200,000	長期借入金	31,200,000
	貸倒引当金	200,000
	減価償却累計額	27,600,000
	資本金	10,000,000
	売上	50,000,000
	受取利息	80,000
	雑収入	50,000
30,000,000	仕入	
10,000,000	給与手当	
200,000	福利厚生費	
250,000	接待交際費	
150,000	旅費交通費	
600,000	通信費	
230,000	消耗品費	
550,000	水道光熱費	
50,000	支払手数料	
70,000	租税公課	
220,000	保険料	
400,000	雑費	
280,000	支払利息	
196,200,000		196,200,000

残高試算表

平成27年3月31日

借方	勘定科目	貸方
500,000	現金	
5,000,000	普通預金	
20,000,000	定期預金	
9,400,000	受取手形	
12,800,000	売掛金	
3,000,000	繰越商品	
50,000	未収入金	
250,000	前払費用	
40,000,000	建物	
5,000,000	車両運搬具	
2,000,000	什器備品	
	支払手形	10,000,000
	買掛金	7,500,000
	未払金	70,000
	未払費用	150,000
	預り金	350,000
	短期借入金	5,000,000
	長期借入金	30,000,000
	貸倒引当金	200,000
	減価償却累計額	27,600,000
	資本金	10,000,000
	売上	50,000,000
	受取利息	80,000
	雑収入	50,000
30,000,000	仕入	
10,000,000	給与手当	
200,000	福利厚生費	
250,000	接待交際費	
150,000	旅費交通費	
600,000	通信費	
230,000	消耗品費	
550,000	水道光熱費	
50,000	支払手数料	
70,000	租税公課	
220,000	保険料	
400,000	雑費	
280,000	支払利息	
141,000,000		141,000,000

2 決算整理について知っておこう

正しい決算書を作成するための調整作業である

1年間の成績を決算で明らかにする

決算手続きとは、事業年度期末における会計上の手続きのことを指します。その内容は、1年間（当期）における経営成績（＝損益計算書）と財政状態（＝貸借対照表）を報告するため、決算特有の調整や必要な集計を行うというものです。決算の手続きは、大きく分けて予備手続きと本手続きからなります。予備手続きでは、おもに棚卸表の作成や帳簿記録が正しいものであるかどうかの確認など、財務諸表作成の前段階として必要な集計を行います。本手続きでは、決算整理と呼ばれる作業により帳簿記録に必要な手続きを行い、会計の最終目的である報告の準備（財務諸表の作成）を行います。決算日が到来して帳簿を締め切った段階では、実はまだ正確な決算書は作成できません。

決算整理とは、決算日現在の勘定科目残高に「決算整理仕訳」または「決算修正仕訳」と呼ばれる仕訳を追加して、各勘定科目を当期の正しい金額に調整していく作業のことをいいます。決算整理の具体例としては、売上原価の計算、貸倒引当金など引当金の計上、費用・収益の見越し・繰延べ計上、減価償却費の計上などがあります。

棚卸表の作成と作成上のポイント

製品や商品、材料などを保有する会社は、決算において棚卸表を作成します。棚卸表とは、期末時点で会社に在庫として残っている商品や自社製品（以後「棚卸資産」と呼びます）の有り高とその金額を一覧表にしたものです。棚卸表を作成する目的は、当期の正確な売上原価を計算するためであり、決算整理のための準備作業だといえます。

また、勘定残高と実際有高とを照合するための表でもあります。

棚卸表については、特に決められたフォームはなく、会社の業態に応じて任意に作成できます。一般的には品名、品番、単価、数量などを一覧で表示し、一番下に合計金額を記載するような形式になります。棚卸表は、いつ作成されたものであるが重要となりますので、「○月○日現在」と作成日の記載を忘れずに行うようにしましょう。

売上原価を計算する

当期に仕入を行った金額の中には、実は翌期に販売する予定の商品の分も混在していることがあります。要するに棚卸資産です。反対に、前期末の棚卸資産が当期首以降に販売されていることもあります。つまり帳簿上の仕入勘定には前期末の棚卸資産が入っていない代わりに、当期末の棚卸資産が混在してしまっているおそれがあるということです。しかし、売り上げた分に対応した仕入金額が表示されていなければ、正確な利益は計算できません。そこで、前期の棚卸資産の金額を当期の仕入に加え、当期末の棚卸資産の金額を仕入から除外する決算整理仕訳を行うことで、売上に対する仕入金額を計算します。このように、決算整理によって当期の売上に対応する金額に修正された仕入金額のことを、「売上原価」といいます。通常では、決算整理前の試算表における「商品」勘定には、前期末の棚卸表による残高が表示されています。これを当期末現在の棚卸表の金額に修正します。たとえば期首商品残高が5,000円、期末の棚卸による商品残高が4,000円である場合、以下のような決算整理仕訳を計上していきます。

仕入 5,000 ／繰越商品 5,000

繰越商品 4,000 ／仕入 4,000

ただし、実務の損益計算書においては、「期首商品棚卸高」「当期商品仕入高」「期末商品棚卸高」と３項目に分けて、売上原価の計算過程も表示するのが一般的です。

貸倒引当金を計上する

取引先が倒産して、売掛金や受取手形などの債権が回収できなくなる場合があります。回収できなくなってしまった債権は損失に振り替えるのですが、これを貸倒損失といいます。

貸倒損失によるリスクに備え、損失となるかもしれない金額を予想して、あらかじめ計上しておく場合があります。このように、将来の損失に備えて計上するものを引当金といいます。貸倒れに対する引当金ですので、貸倒引当金という勘定科目を決算修正仕訳で追加します。

金額をどのように予想して設定するかについては、詳しく説明すると難しい話になってしまうのですが、簡単にいうと取引先に対する債権のうち貸倒れになるかもしれない金額を見積もって、債権残高からマイナスするという作業です。たとえば貸倒引当金を1,000円と見積もった場合、以下のような決算整理仕訳を行います。

貸倒引当金繰入 1,000 ／貸倒引当金 1,000

「貸倒引当金繰入」額は費用に表示されます。つまり当期の利益を減少させる効果があります。一方、引当金は貸借対照表項目です。一般的に引当金勘定は負債に分類されるのですが、貸倒引当金の場合は「資産のマイナス勘定」として表示します。売掛金などの債権金額と対比させているというわけです。翌期首の処理としては、前期末に設定された引当金を以下の振替えにより取り消し、また期末に改めて設定しなおすことになります。なお、「貸倒引当金戻入」とは、「貸倒引当金繰入」と裏表の関係の収益項目になります。

貸倒引当金 1,000 ／貸倒引当金戻入 1,000

収益や費用の繰延べ

収益や費用について当期の収益・費用として処理するか、あるいは翌期の収益・費用として処理するか、整理する必要があります。たとえば、期中に家賃3,000円を現金で受け取り、以下のような仕訳を行っていたとします。

（X 1年 期中）

現金 3,000 ／受取家賃 3,000

しかし、この受取家賃が翌期に属すべき収益だった場合には、当期の収益として計上されるのは不適切です。このままだと、「受取家賃3,000円」という収益が、当期の収益として計上されてしまいます。そこで以下のような決算修正仕訳（収益の繰り延べ）を行います。

（X 1年 期末）

受取家賃 3,000 ／前受収益 3,000

この仕訳により、期中に計上された「受取家賃3000」という収益は相殺されることになります（当期の収益として計上されない）。

そして、翌期首に再振替仕訳を行うことで、「受取家賃」が翌期の収益として繰り延べられたことになります。

費用・収益の見越し

当期の費用や収益でも、まだ支払いや入金がされていないものについては計上されていない可能性があります。このような費用・収益も決算整理仕訳で計上する必要があります。これを「見越し」計上といいます。費用の見越し計上について具体例で見てみましょう。たとえば損害保険契約の当期分の保険料2,000円を、翌期に支払うものとします。当期はまだ支払いをしていないので、試算表上ではこの費用はまだ発生していません。しかし、実際には当期の費用としなければなりませんので、以下のような決算修正仕訳を行います。

（X 1年 期末）

保険料 2,000 ／未払費用 2,000

次に翌期の処理です。翌期に実際の保険料が支払われた場合、通常であれば支払時に以下の仕訳を行います。

（X 2年 期中）

保険料 2,000 ／現金 2,000

ところが、この保険料は前期の決算において既に計上されていますので、このままであれば重複計上となってしまい、正確性に欠けてしまいます。そこで、前期の仕訳について以下のように振替えを行うことで、当期に計上される保険料が相殺されるとともに、当期首における未払費用の残高が取り消されて、正確な費用の額が計上されることになります。

（X ２年 期首）

未払費用 2,000 ／保険料 2,000

減価償却

減価償却費の仕訳には、直接法と間接法の２つの方法があります。

（直接法）

減価償却費 50,000 ／車両運搬具 50,000

（間接法）

減価償却費 50,000 ／減価償却累計額 50,000

直接法と間接法の違いは、貸借対照表上の償却資産（減価償却される資産）の価額表示方法です。直接法の場合は、「車両運搬具」という固定資産が直接減額され、期末の貸借対照表では減価償却後の「車両運搬具」残高が表示されます。

他方、間接法の場合は、「減価償却累計額」という勘定科目に、毎年の減価償却費の累計額が記録されていきます。そして、この「減価償却累計額」が「車両運搬具」とともに併記され、差引後の実質価額が表示されることになります。つまり、間接法の場合だと直接法に比べて、これまで減価償却されてきた額がわかる、もともとの価額（取得原価）がわかるという点で優れています。

3 決算書を作成する

報告用の書類として体裁を整える作業である

試算表をもとに貸借対照表と損益計算書を作成する

決算整理の次は決算書の作成です。決算整理後の残高試算表の数字をもとに、報告用の書類としての体裁を整えていく作業になります。

作業の流れとしては、試算表で計算された決算整理後の各勘定科目の金額を貸借対照表と損益計算書に転記し、次に貸借対照表の「繰越利益剰余金」の金額を計算して貸借対照表を完成させます。最後に株主資本等変動計算書やキャッシュ・フロー計算書などの決算書として必要な書類を作成するという順序で行います。

転記作業に関して、決算書と残高試算表では勘定科目名の表示が変わる場合がありますので注意が必要です。たとえば「繰越商品」は貸借対照表では「商品」と表示されます。「仕入」は損益計算書には「当期商品仕入高」と表示させた上で、期首と期末の商品棚卸高を加減算して、当期の「売上原価」の金額を計算します。転記を済ませた段階で、損益計算書は概ね完成です。しかし、貸借対照表の場合は、転記をした段階では左の借方と右の貸方の数値が一致しません。「当期純利益」の金額を「純資産の部」の「繰越利益剰余金」に加算することにより、左右が一致していることを確認します。

最後に、貸借対照表と損益計算書以外の必要書類があれば、この時に作成します。たとえば株主資本等変動計算書やキャッシュ・フロー計算書です。これらの書類も、やはり決算整理後の残高試算表などをもとに作成します。また、決算書には「注記事項」といって、内容に関する重要な情報について欄外にコメントを付したり、注記表という補足的な書類を作成したりする場合もあります。

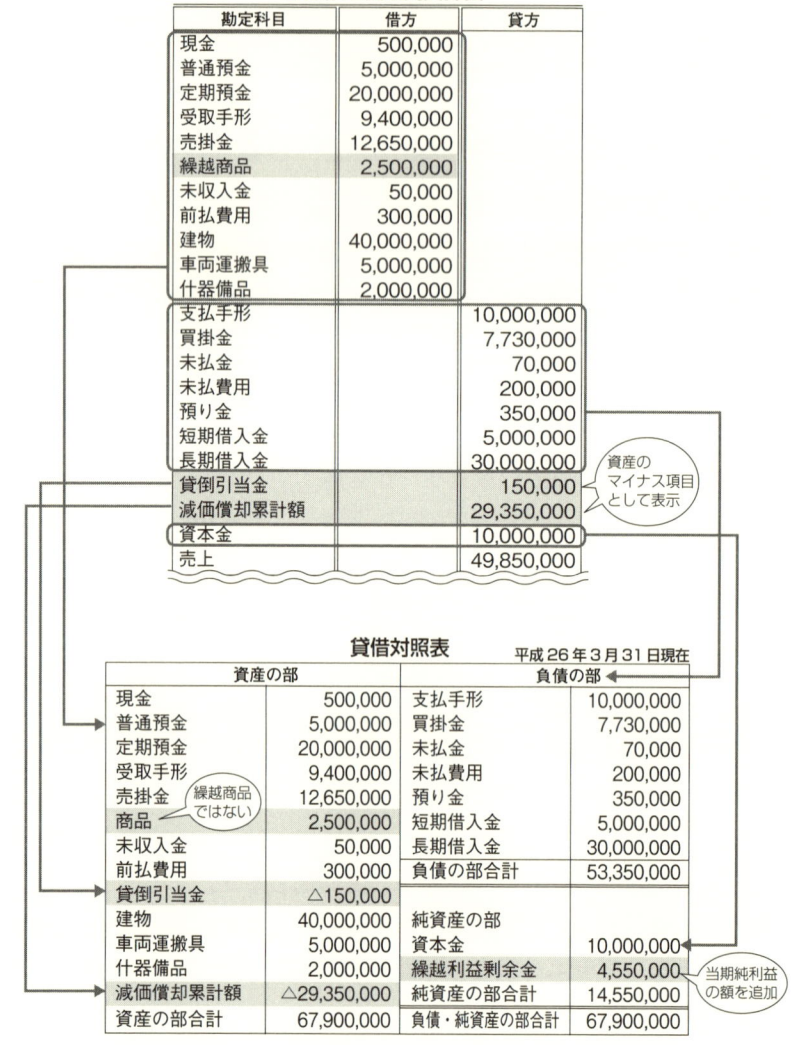

■ 残高試算表から貸借対照表への転記

決算修正後残高試算表

勘定科目	借方	貸方
現金	500,000	
普通預金	5,000,000	
定期預金	20,000,000	
受取手形	9,400,000	
売掛金	12,650,000	
繰越商品	2,500,000	
未収入金	50,000	
前払費用	300,000	
建物	40,000,000	
車両運搬具	5,000,000	
什器備品	2,000,000	
支払手形		10,000,000
買掛金		7,730,000
未払金		70,000
未払費用		200,000
預り金		350,000
短期借入金		5,000,000
長期借入金		30,000,000
貸倒引当金		150,000
減価償却累計額		29,350,000
資本金		10,000,000
売上		49,850,000

資産のマイナス項目として表示

貸借対照表

平成26年3月31日現在

資産の部		負債の部	
現金	500,000	支払手形	10,000,000
普通預金	5,000,000	買掛金	7,730,000
定期預金	20,000,000	未払金	70,000
受取手形	9,400,000	未払費用	200,000
売掛金	12,650,000	預り金	350,000
商品	2,500,000	短期借入金	5,000,000
未収入金	50,000	長期借入金	30,000,000
前払費用	300,000	負債の部合計	53,350,000
貸倒引当金	△150,000		
建物	40,000,000	純資産の部	
車両運搬具	5,000,000	資本金	10,000,000
什器備品	2,000,000	繰越利益剰余金	4,550,000
減価償却累計額	△29,350,000	純資産の部合計	14,550,000
資産の部合計	67,900,000	負債・純資産の部合計	67,900,000

繰越商品ではない

当期純利益の額を追加

残高試算表から損益計算書への転記

決算修正後残高試算表

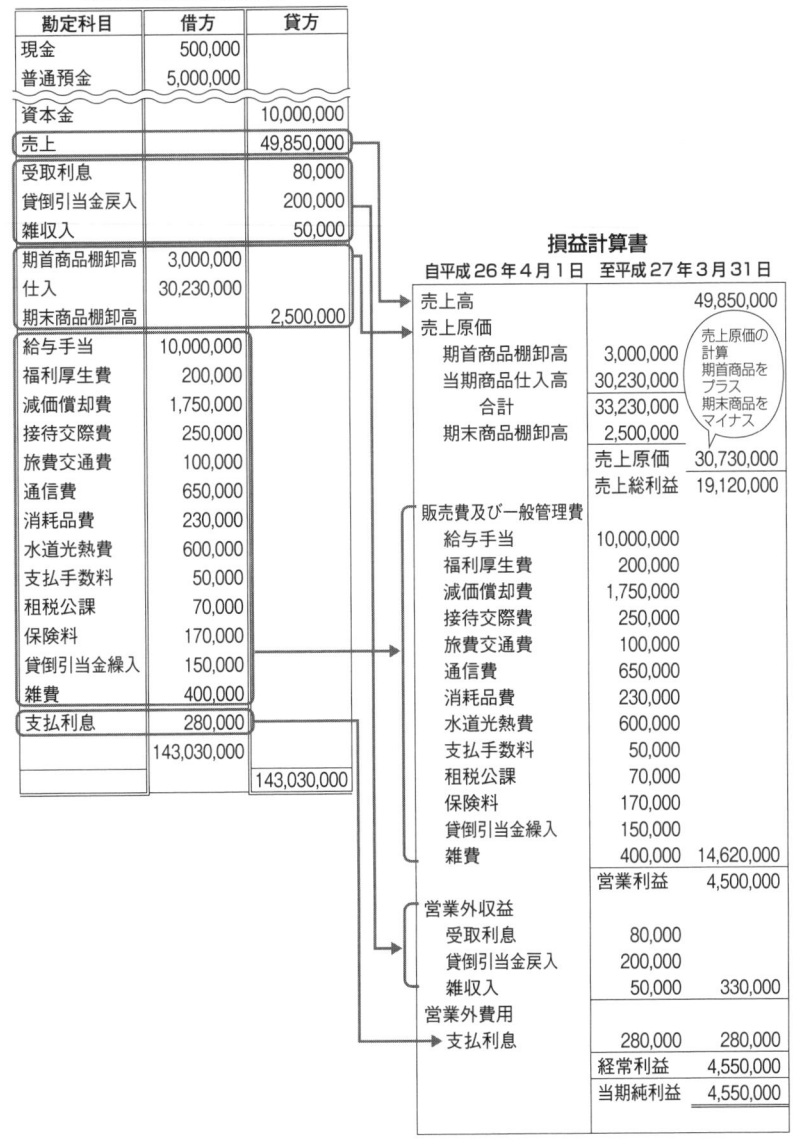

勘定科目	借方	貸方
現金	500,000	
普通預金	5,000,000	
資本金		10,000,000
売上		49,850,000
受取利息		80,000
貸倒引当金戻入		200,000
雑収入		50,000
期首商品棚卸高	3,000,000	
仕入	30,230,000	
期末商品棚卸高		2,500,000
給与手当	10,000,000	
福利厚生費	200,000	
減価償却費	1,750,000	
接待交際費	250,000	
旅費交通費	100,000	
通信費	650,000	
消耗品費	230,000	
水道光熱費	600,000	
支払手数料	50,000	
租税公課	70,000	
保険料	170,000	
貸倒引当金繰入	150,000	
雑費	400,000	
支払利息	280,000	
	143,030,000	
		143,030,000

損益計算書

自平成26年4月1日　至平成27年3月31日

売上高		49,850,000
売上原価		
期首商品棚卸高	3,000,000	
当期商品仕入高	30,230,000	
合計	33,230,000	
期末商品棚卸高	2,500,000	
	売上原価	30,730,000
	売上総利益	19,120,000
販売費及び一般管理費		
給与手当	10,000,000	
福利厚生費	200,000	
減価償却費	1,750,000	
接待交際費	250,000	
旅費交通費	100,000	
通信費	650,000	
消耗品費	230,000	
水道光熱費	600,000	
支払手数料	50,000	
租税公課	70,000	
保険料	170,000	
貸倒引当金繰入	150,000	
雑費	400,000	14,620,000
	営業利益	4,500,000
営業外収益		
受取利息	80,000	
貸倒引当金戻入	200,000	
雑収入	50,000	330,000
営業外費用		
支払利息	280,000	280,000
	経常利益	4,550,000
	当期純利益	4,550,000

売上原価の計算
期首商品をプラス
期末商品をマイナス

■ 貸借対照表（完成後）

貸借対照表

平成27年3月31日現在

資産の部		負債の部	
流動資産		流動負債	
現金	500,000	支払手形	10,000,000
普通預金	5,000,000	買掛金	7,730,000
定期預金	20,000,000	未払金	70,000
受取手形	9,400,000	未払費用	200,000
売掛金	12,650,000	預り金	350,000
商品	2,500,000	短期借入金	5,000,000
未収入金	50,000	流動負債合計	23,350,000
前払費用	300,000	固定負債	
貸倒引当金	△ 150,000	長期借入金	30,000,000
流動資産合計	50,250,000	固定負債合計	30,000,000
固定資産		負債の部合計	53,350,000
建物	40,000,000		
車両運搬具	5,000,000	純資産の部	
什器備品	2,000,000	資本金	10,000,000
減価償却累計額	△ 29,350,000	繰越利益剰余金	4,550,000
固定資産合計	17,650,000	純資産の部合計	14,550,000
資産の部合計	67,900,000	負債・純資産の部合計	67,900,000

■ 損益計算書（完成後）

損益計算書

自平成26年4月1日　至平成27年3月31日

売上高		49,850,000
売上原価		
期首商品棚卸高	3,000,000	
当期商品仕入高	30,230,000	
合計	33,230,000	
期末商品棚卸高	2,500,000	
売上原価		30,730,000
売上総利益		19,120,000
販売費及び一般管理費		
給与手当	10,000,000	
福利厚生費	200,000	
減価償却費	1,750,000	
接待交際費	250,000	
旅費交通費	100,000	
通信費	650,000	
消耗品費	230,000	
水道光熱費	600,000	
支払手数料	50,000	
租税公課	70000	
保険料	170000	
貸倒引当金繰入	150,000	
雑費	400000	14,620,000
営業利益		4,500,000
営業外収益		
受取利息	80,000	
雑収入	50,000	
貸倒引当金戻入	200,000	330,000
営業外費用		
支払利息	280,000	280,000
経常利益		4,550,000
当期純利益		4,550,000

4 法人税のしくみについて知っておこう

法人税は各事業年度の所得に対して課税される

利益には法人税が課される

会社が事業で稼いだ儲けには、法人税が課税されます。納めるべき法人税の額は、自ら計算して申告しなければなりません。

法人税の計算は、決算で確定した「当期純利益」又は「当期純損失」をベースにして行います。これに税法に基づいた調整計算を加え、課税されるべき所得の金額と、所得にかかる法人税額が算出されるというのが大まかな流れです。また、二重課税の排除や特定の政策推進などの目的で、法人税額から一定の金額を差し引く税額控除が適用されるケースもあります。

法人税法上の所得の計算方法

法人税法上の所得の計算は、会計規則に基づいて計算された当期純利益（又は当期純損失）を基に行われますが、税法独自の計算を加える場合があります。これを申告調整といいます。申告調整には、所得に加算する「加算項目」と減算する「減算項目」があります。加算されるということは、所得が増え、当然ながらその分税金も増えるということです。反対に減算項目には、税金を減らす効果があります。

ここで、税法用語について簡単に説明をしておきます。法人税法では、会計用語の言い回しが少し異なります。たとえば収益のことを「益金」、費用のことを「損金」、費用として計上することを「損金経理」といいます。また、費用とは認められず加算されることを「損金不算入」、費用計上が認められることを「損金算入」、収益として認識されないことを「益金不算入」といいます。

・**加算項目**

所得に加算する加算項目には、たとえば損金経理（確定した決算について費用又は損失として経理処理をすること）をした法人税、減価償却の償却超過額、交際費等の損金不算入額などがあります。

簡単に説明しますと、納付した法人税は「法人税等」などの科目で費用として計上されています。しかし、税法上は損金不算入であるため、加算されます。減価償却費は、損金経理を行った場合に税法上の限度額までの損金算入が認められています。ただし、限度額を超えた部分については損金不算入となります。交際費についても税法上の限度額が設けられており、これを超えた部分は損金不算入となります。

・**減算項目**

減算項目には、当期に支払った事業税等の金額や、法人税や所得税の還付金などがあります。事業税は、納付をした事業年度で損金算入が認められています。しかし、一般的には前期末に「法人税等」として計上しているため、前期末においていったん加算調整した上で、翌期の費用として減算調整します。

法人税等の還付金については、「雑収入」など収益に計上されてい

■ 企業利益と課税対象

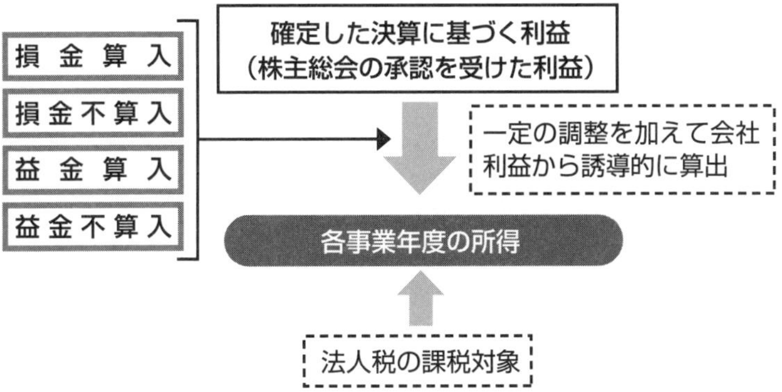

ます。しかしそもそも法人税が損金不算入であるため、還付された場合も益金不算入として減算調整されます。

法人税の税率

各事業年度の法人税は、その事業年度の法人の課税所得（利益）に税率を掛けて求めます。この税率は所得の額に関わらず一定の率になっており、法人の種類と資本金の規模及び所得金額により決められています（177ページ図）。たとえば普通法人の場合、税率は一律23.9％です。なお、平成27年度税制改正により、法人税の税率が引き下げられました。平成27年３月31日以前に開始する事業年度については25.5％ですが、平成27年４月１日以後に開始する事業年度については23.9%の税率が適用されます。

ただし、期末資本金が１億円以下で、資本金５億円以上の大法人に完全支配されていない中小法人や一般社団法人、人格のない社団などの場合は、特例として、所得の金額のうち年800万円以下の部分に対して15％の軽減税率が適用されます。この中小法人の軽減税率の特例は、適用期限が平成27年３月31日までとされていました。しかし、平成27年度の税制改正により適用期限が２年延長となったため、平成24年４月１日から平成29年３月31日までの間に開始する事業年度についてはこの軽減税率の特例が適用されることになっています。

なお、中小法人等の所得の金額のうち年800万円を超える部分については、大法人と同じく25.5％（平成27年３月31日以前に開始する事業年度の場合）又は23.9%（平成27年４月１日以後に開始する事業年度の場合）の税率が適用されます。

また、人格のない社団等（PTAなど法人でない社団または財団で、代表者または管理人の定めがあるもの）及び公益法人などについては、各事業年度の所得のうち、収益事業から生じたものに対してのみ課税されます。

法人税額の計算例

　では、平成27年４月１日以後に開始する事業年度を例にして、下図の税率表をもとに具体的な法人税額を計算してみましょう。大法人の場合は、所得の金額に関わらず一律23.9%の税率が用いられます。そのため、課税所得が1000万円であった場合、法人税は1000万円に23.9%を乗じた239万円となります。一方、中小法人の場合は、下図の表にもある通り、800万円を境に課税所得に乗ずる税率が変わります。課税所得が1000万円の場合、そのうちの800万円以下の部分については15%を、800万円を超している部分（1000万円－800万円=200万円）には23.9%をそれぞれ乗じ、それらの計算結果の合計167万8,000円がこの会社で計算される法人税額になります。

■ 法人税の本則税率（平成27年4月1日以降）

法人の種類	所得金額の区分		税率	
			原則	中小企業者等の特例(注)
普通法人	中小法人	年800万円以下の金額	19%	15%
		年800万円超の金額	23.9%	ー
	大法人	所　得　金　額	23.9%	ー
協同組合等		年800万円以下の金額	19%	15%
		年800万円超の金額	19%	19%
		特定の協同組合等の年10億円超の金額	22%	ー
公益法人等		年800万円以下の金額	19%	15%
		年800万円超の金額	19%	19%
特定の医療法人		年800万円以下の金額	19%	15%
		年800万円超の金額	19%	19%
人格のない社団等		年800万円以下の金額	19%	15%
		年800万円超の金額	23.9%	23.9%

(注) 中小企業者の税率の特例は平成24年4月1日から平成29年3月31日までに開始する事業年度

5 法人税の申告について知っておこう

会社の業務形態に応じて必要な別表を作成することになる

法人税の確定申告

会社（法人）の利益に対する課税は、申告納税制度をとっています。この申告納税制度とは会社が自らその所得と税額を計算し、確定申告をして納付するという方法をいいます。そのため、各事業年度終了の日の翌日から２か月以内に、所轄の税務署長などに対し、確定した決算に基づき、その事業年度の課税標準である所得金額または欠損金額、法人税法により計算した法人税額等を記載した申告書を提出しなければなりません。法人税額は、確定申告書の提出期限までに納付しなければならないことになっています。これが、法人税の確定申告納付です。法人税額は、株主総会の承認を得た確定決算をもとに計算しますが、会計監査人監査などの必要性から、２か月以内に決算が確定しない場合があります。このような場合には、届出書を提出し、１か月間の申告期限の延長をします。

なお、法人税の確定申告の仕方には、申告用紙の色に由来する「青色申告」と「白色申告」という２種類の申告形式があります。青色申告とは、一定の帳簿書類を備えて日々の取引を複式簿記の原則に従い整然かつ明瞭に記録し、その記録に基づいて申告することをいい、青色申告を提出していないと受けられない税制上のメリットがあります。

別表の作成

法人税の確定申告書は、別表と呼ばれる複数の用紙で構成されています。別表には必ず作成が必要なものと、必要に応じて作成するものとがあります。どの法人も必ず作成が必要な別表は、別表一㈠、二、

四、五㈠、五㈡の５枚です。これ以外の別表は、必要に応じて作成することになります。

計算の結果、差異が生じて調整計算を行う必要がある場合、別表四の「加算」又は「減算」の欄へ転記します。また、翌期以降の損金や益金として繰り越す場合、別表五㈠にも転記します。

決算書を添付する

「確定申告書」には、決算書を添付して提出します。通常の確定申告に添付が必要な決算書類は、「貸借対照表」「損益計算書」「株主資本等変動計算書」「勘定科目内訳明細書」です。また、決算書以外の添付書類として、「事業概況書」にも必要事項を記入して提出します。

■ 別表同士の関係図

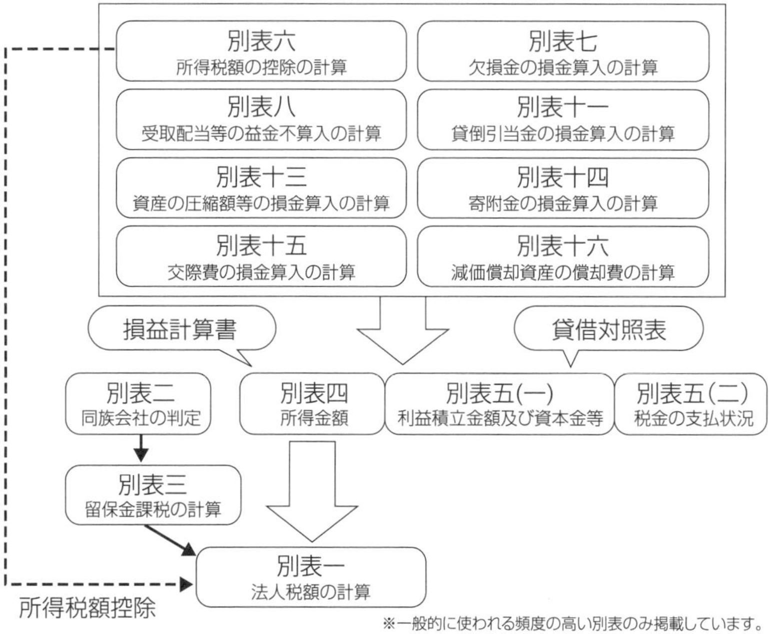

※一般的に使われる頻度の高い別表のみ掲載しています。

税額控除や軽減税率など、租税特別措置法の適用を受ける場合には、「適用額明細書」の添付も忘れないようにしましょう。

中間申告をするケース

会社（法人）事業年度が６か月を超える場合には、その事業年度開始の日以降６か月を経過した日から２か月以内に中間申告をしなければなりません。中間申告には、次の２つの方法があります。

① **前年実績による予定申告**

前期事業年度の法人税の６か月換算額で申告する方法です。ただし、前期の法人税額×1/2が10万円以下の場合は予定申告納付の必要はありません。

② **仮決算による中間申告**

その事業年度開始の日から６か月の期間を一事業年度とみなして申告する方法です。

修正申告・更正と延滞税

申告した法人税が少なかった場合、正しい税額を申告し直すことが必要になってきます。この申告を修正申告といいます。税務調査などで誤りが指摘された場合、調査官から修正申告をするよう指示されます。万が一調査官の言い分に納得がいかない場合には、修正申告を拒否することもできます。しかし修正申告を拒否したからといって、追徴課税から免れられるわけではありません。この場合、税務署から更正処分を受ける可能性があります。

また、修正申告により税額が増額すると、延滞税等が課税される場合があります。延滞税とは、法定納期限の翌日から納付日までの日数に応じて徴収される、利息に相当する税金です。延滞した日数が２か月までの場合は年2.8％（平成27年度)、２か月を経過した日以後は年9.1％（平成27年度）の割合となります。

巻末

仕訳問題の解答

【解　答　編】

1章－5　ケース別　仕訳のパターン①－1

● 問題

300万円の車両を現金で購入しました。

● 解説

現金での購入により、車両という資産が増加しました。資産が増えた場合は借方に記入するため、車両を含む勘定科目である車両運搬具を借方に記載します。一方、車両の代金として、現金という資産が減少しています。資産が減少した場合は貸方に記入するため、現金を貸方に記載します。

借方科目	金額	貸方科目	金額
車両運搬具	3,000,000	現金	3,000,000

1章－5　ケース別　仕訳のパターン①－2

● 問題

普通預金から現金５万円を引き出しました。

● 解説

銀行で預金を引き出したことにより、現金５万円が増えた一方で、普通預金からは同額の５万円が差し引かれています。資産が増加したら借方に、資産が減少したときは貸方に記載するというルールに従い、借方には増加した資産である現金を記載します。また、貸方には、減少した資産である普通預金を記載します。

借方科目	金額	貸方科目	金額
現金	50,000	普通預金	50,000

1章－5　ケース別　仕訳のパターン②

● 問題

現金200万円を銀行から借り入れました。

● 解説

銀行からの借入れをしたことにより、資産（現金）が200万円増加し、同時に負債（借入金）も200万円増加しています。資産が増えた場合は借方に記入し、反対に負債が増えた場合は貸方に記入します。このルールに従い、現金を借方に、借入金を貸方に記載しています。

借方科目	金額	貸方科目	金額
現金	2,000,000	借入金	2,000,000

1章－5　ケース別　仕訳のパターン③

● 問題

株式発行によって150万円の資本金の払込みを受け、普通預金に預け入れました。

● 解説

株式発行による払込みにより資本金が150万円、そして同額だけ普通預金も増えています。資産が増加した場合は借方に記入するため、資産の勘定科目である普通預金を借方に記載します。一方で、純資産が増加した場合は、貸方に記入します。このルールに従い、払込みにより増加した資本金は貸方に記載します。

借方科目	金額	貸方科目	金額
普通預金	1,500,000	資本金	1,500,000

1章－5　ケース別　仕訳のパターン④－1

● 問題

商品を売ったことにより、現金１万円を受け取りました。

● 解説

販売により売上が発生し、販売の対価である現金が増えています。資産が増えると借方に記入するため、販売により増加した現金を借方に記載します。一方、収益は、発生すると貸方に記入します。そのため、収益の勘定科目である売上は貸方に記載します。

借方科目	金額	貸方科目	金額
現金	10,000	売上	10,000

1章－5　ケース別　仕訳のパターン④－2

● **問題**

掛取引により商品３万円を販売しました。

● **解説**

掛取引により販売を行ったときは、その時点で現金や預金は増えませんが、代わりに営業活動上の債権である売掛金が増加します。売掛金は、将来的に販売代金を受け取る権利であるため、現金と同様に資産に含まれます。そのため、この例では売掛金を借方に記載します。一方で、収益の勘定科目である売上については、発生した３万円とともに貸方に記載します。

借方科目	金額	貸方科目	金額
売掛金	30,000	売上	30,000

1章－5　ケース別　仕訳のパターン④－3

● **問題**

貸付金の利息3000円が普通預金に振り込まれました。

● **解説**

貸付けにより受け取る利息は収益です。発生した収益は貸方に記載するため、貸付金の利息を表す勘定科目である受取利息を貸方に記載します。また、利息分の3,000円が普通預金に振り込まれているため、資産である普通預金が増加しています。増加した資産は借方に記載するため、普通預金3,000円を借方に記載します。

借方科目	金額	貸方科目	金額
普通預金	3000	受取利息	3000

1章－5　ケース別　仕訳のパターン⑤

● **問題**

借入金120万円を普通預金により返済しました。

● **解説**

借入金を返済したことにより、借入金が減っています。負債が減る場合は借方に記入するため、負債である借入金を借方に記載します。一方で、借入金を返済するために普通預金が減少しています。資産の減少は貸方に記入しますので、資産である普通預金を貸方に記載します。

借方科目	金額	貸方科目	金額
借入金	1,200,000	普通預金	1,200,000

1章−5　ケース別　仕訳のパターン⑥−1

● 問題

社債500万円を償還するために、借入れを行いました。

● 解説

社債の償還に必要となる資金を確保するために、新たに借入れをしたという例です。つまり、この事例では負債が減少した一方で、また新たな負債が発生しています。仕訳では、負債が増えた場合は貸方、負債が減った場合は借方に記入しますので、この場合は減少した社債を借方に、増加した借入金を貸方に記載します。

借方科目	金額	貸方科目	金額
社債	5,000,000	借入金	5,000,000

1章−5　ケース別　仕訳のパターン⑥−2

● 問題

未払いとなっている給与から、社会保険料として１万5000円を預かりました。

● 解説

会社は従業員から社会保険料を預かり、社会保険事務所へ納めます。その際の社会保険料は従業員の給与から天引きし、納付までの間預かることになります。給与から社会保険料を天引きするとその分の給与は従業員に支払わなくてよいことになりますから、給与にかかる未払金は減少します。一方で、天引きと同時に、社会保険料の預り金が増加することになります。仕訳では、負債が増えた場合は貸方、負債が減った場合は借方に記入しますので、この場合は未払金を借方に、預り金を貸方に記載します。

借方科目	金額	貸方科目	金額
未払金	15,000	預り金	15,000

1章－5　ケース別　仕訳のパターン⑦－1

● **問題**

現金により繰越利益剰余金から株主へ200万円の配当を行いました（このケースでは、源泉所得税および配当による利益準備金または資本準備金への積立ては考慮しません）。

● **解説**

繰越利益剰余金から配当を行った場合は、繰越利益剰余金が減少すると同時に、配当金となる現金も減少します。純資産が減少するときは借方に記入するため、この場合は純資産の勘定科目である繰越利益剰余金を借方に記載します。また、資産が減少する場合は貸方に記入するため、減少した現金を貸方に記載します。

借方科目	金額	貸方科目	金額
繰越利益剰余金	2,000,000	現金	2,000,000

1章－5　ケース別　仕訳のパターン⑦－2

● **問題**

自己株式80万円を取得し、対価を普通預金から支払いました。

● **解説**

自己株式は会社が発行している株式を会社自ら保有しているものであり、「純資産の部」の株主資本から控除する勘定科目です。そのため、自己株式を取得するということは、純資産の減少につながります。純資産が減少する場合は借方に記入するため、純資産の勘定科目である自己株式を借方に記載します。また、自己株式の取得の対価として、資産である普通預金が減少しています。資産が減少する場合は貸方に記入しますので、普通預金を貸方に記載します。

借方科目	金額	貸方科目	金額
自己株式	800,000	普通預金	800,000

1章－5　ケース別　仕訳のパターン⑧

● **問題**

300万円の配当を行うことを株主総会で決議しました。

● **解説**

株主総会で配当が決議された時も、すぐに株主に配当金が支払われるわけではありません。そのため、決議から株主に支払われるまでの間は未払配当金として配当金を管理することになります。この場合においても、繰越利益剰余金は減少します。純資産が減少する際は借方に記入するため、繰越利益剰余金を借方に記載することになります。また、負債が増加した場合は貸方に記入するため、負債の勘定科目である未払配当金は貸方に記載します。

借方科目	金額	貸方科目	金額
繰越利益剰余金	3,000,000	未払配当金	3,000,000

1章－5　ケース別　仕訳のパターン⑨－1

● **問題**

電気代1万円を普通預金から振り込みました。

● **解説**

この問題では電気代という費用が発生しています。費用の発生は借方に記入するため、電気代を含む勘定科目である水道光熱費を借方に記載します。また、電気代の支払いとともに普通預金が減少しています。資産が減るときは貸方に記入するため、貸方に普通預金を記載します。

借方科目	金額	貸方科目	金額
水道光熱費	10,000	普通預金	10,000

1章－5　ケース別　仕訳のパターン⑨－2

● **問題**

建物の減価償却費50万円を計上しました。

● **解説**

減価償却費とは、固定資産の取得価額を耐用年数にわたって費用として配分したものをいいます。減価償却費は費用の勘定科目ですので、借方に記載します。また、減価償却費の分だけ資産が減少します。資産が減少するときは貸方に記入するため、減価償却の対象となった建物を貸方に記載します。

なお、減価償却累計額という勘定科目によって建物の残高から、間接的に減価償却費を控除する方法もあります（間接控除法）。この方法を採用する場合は、貸方に減価償却累計額と記載します。

借方科目	金額	貸方科目	金額
減価償却費	500,000	建物	500,000

1章－5　ケース別　仕訳のパターン⑩－1

● 問題

当年度分の従業員への給与80万円が未払いになっています。

● 解説

会社では、締日や給与支給日などの関係により、月末や期末において一部の給与が未払いになることがあります。一方で、すでに労働が提供されているのであれば、それに対応する費用、つまり給与は発生しているものといえます。そのため、仕訳においてはこの費用を計上することになります。費用が発生した場合は借方に記載するため、費用の勘定科目である給与を借方に記載します。一方で、未払いとなっている80万円は、将来に支払いが行われることから負債です。負債の増加は貸方に記載するため、給与の未払いを表す未払費用を貸方に記載します。

借方科目	金額	貸方科目	金額
給与	800,000	未払費用	800,000

1章－5　ケース別　仕訳のパターン⑩－2

● 問題

掛取引により、材料を280万円仕入れました。

● 解説

掛取引により仕入れを行った場合は、現金や預金による支払いを行わない代わりに、買掛金という営業活動上の債務が発生します。買掛金は将来において支払う義務のあるものですので、負債に該当します。負債の増加は貸方に記載するため、今回の掛取引により生じた買掛金は貸方に記載されます。一方で、仕入代金は費用にあたります。費用の発生は借方に記入しますので、仕入を借方に記載します。

借方科目	金額	貸方科目	金額
仕入	2,800,000	買掛金	2,800,000

1章－5　ケース別　仕訳のパターン⑩－3

● 問題

売掛金に対して、貸倒引当金50万円を計上しました。

● 解説

貸倒引当金は、売掛金や貸付金といった債権について、回収できないと予想される金額をあらかじめ費用計上しておくための引当金です。貸倒引当金の仕訳は、決算において作成されます。貸倒引当金を設定する際に計上される貸倒引当金繰入額は費用項目、貸倒引当金は負債項目です。費用の発生は借方に、負債の増加は貸方に記載するため、貸倒引当金繰入額は借方に、貸倒引当金は貸方に記載します。

借方科目	金額	貸方科目	金額
貸倒引当金繰入額	500,000	貸倒引当金	500,000

3章－1　現金の仕訳①

● 問題

工具３万円を現金で購入しました。

● 解説

工具の代金を現金で支払っているため、この購入により現金が減少していることがわかります。これは資産の減少にあたるため、仕訳においては現金を貸方に記載します。一方で、この購入によって工具が増加しています。資産が増加した場合は借方に記入するため、工具を含む工具器具備品という勘定を借方に記載します。

借方科目	金額	貸方科目	金額
工具器具備品	30,000	現金	30,000

3章－1　現金の仕訳②

● **問題**

商品を販売し、販売価格１万5000円を現金で受け取りました。

● **解説**

商品を販売したことにより、その対価を現金で受け取っています。これは資産の増加にあたるため、現金を借方に記載します。また、この販売により、受け取った現金と同じ金額の売上が上がっています。収益の発生は貸方に記入するため、売上を貸方に記載します。

借方科目	金額	貸方科目	金額
現金	15,000	売上	15,000

3章－2　預金の仕訳

● **問題**

商品を販売し、販売価格５万円が普通預金口座に入金されました。

● **解説**

この問題では、商品を売り上げた際の代金が直接銀行の口座に入金されています。この入金によって銀行に預けているお金、つまり預金が増加したことがわかります。資産が増加した場合は借方に記入するため、普通預金を借方に記載します。また、増加した普通預金と同じ金額の売上が発生しています。収益が生じた場合は貸方に記入するため、売上を貸方に記載します。

借方科目	金額	貸方科目	金額
普通預金	50,000	売上	50,000

3章－3　売掛金の仕訳

● **問題**

１万円の商品を販売しました。商品の販売代金は翌月末に振り込まれます。

● **解説**

商品の販売により、売上が発生したことがわかります。仕訳では、収益が発生した場合は貸方に記入するため、売上を貸方に記載します。一方で、商品を引き渡したものの、販売代金は後日払われることになっています。つまり、販売代金を受け取る権利である売掛金が発生しているわけです。資産が増加した場合は、借方に記入します。この問題の仕訳では、売掛金の増加を示すために、借方に売掛金と記載します。

借方科目	金額	貸方科目	金額
売掛金	10,000	売上	10,000

3章－4　受取手形の仕訳

● 問題

銀行に取立てに出した受取手形15万円が満期日になり、普通預金に入金されました。

● 解説

受取手形と引き換えに販売代金を受け取るためには、期日前に銀行に取立てを依頼する必要があります。そして、期日が来ると、銀行は受取手形を振り出した者の口座から代金を回収し、手形所有者の預金口座に振り込みます。

この問題は、受取手形が期日を迎えたときの仕訳です。期日を迎えると、普通預金口座に入金される代わりに、その分の受取手形（現預金を受け取る権利）が消滅することになります。普通預金と受取手形はいずれも資産の勘定科目ですので、増加した普通預金15万円は借方に、減少した受取手形15万円は貸方に記載します。

借方科目	金額	貸方科目	金額
普通預金	150,000	受取手形	150,000

3章－5　有価証券の仕訳

● 問題

簿価100万円の株式を150万円で売却し、売却代金は普通預金に振り込まれました。なお、この株式は売買目的で保有しているものです。

● 解説

問題の株式は売買目的で保有していることから、勘定科目は有価証券となり、流動資産に区分されます。これは、短期所有目的で保有する有価証券であるためです。一方で、長期的に所有する目的で保有している有価証券の場合は、勘定科目は投資有価証券になり、投資その他の資産に区分されます。

この有価証券は売却されたために減少し、その代金として普通預金が増加しています。有価証券と普通預金はいずれも資産の勘定科目ですので、仕訳では有価証券を貸方に、普通預金を借方に記載します。

また、簿価よりも高い金額で有価証券を売ることができています。この簿価と売却価格の差額は収益の勘定科目である有価証券売却益となります。収益の発生は貸方に記入するため、有価証券売却益50万円（＝売却価格150万円-簿価100万円）を貸方に記載します。

借方科目	金額	貸方科目	金額
普通預金	1,500,000	有価証券 有価証券売却益	1,000,000 500,000

3章－6　棚卸資産の仕訳

● 問題

商品の時価が下落し、帳簿価額を下回ったため、商品の帳簿価額を50万円切り下げました。

● 解説

時価が下落したことにより、棚卸資産の収益性が低下したものと考えられます。そのため、この問題では棚卸資産の簿価を切り下げる処理が行われています。棚卸資産つまり資産が減少したことになるため、仕訳では商品を貸方に記載します。一方で、棚卸資産の評価損、つまり費用が発生しています。費用が生じた場合、仕訳では借方に記入しますので、評価損を含む勘定科目である売上原価を借方に記載します。

借方科目	金額	貸方科目	金額
売上原価	500,000	商品	500,000

3章－7　貯蔵品の仕訳①

● 問題

購入時に貯蔵品として計上していた事務用品3000円を使用しました。

● 解説

原則的な処理方法に従って、購入時に貯蔵品に計上しているケースです。この処理方法では、貯蔵品を使用した際に費用に振り替えます。この問題では貯蔵品を使用したときの仕訳を求めていますので、借方に消耗品費3,000円を記載します。また、同額だけ貯蔵品が減るため、貸方に貯蔵品3,000円を記載します。なお、重要性が乏しい貯蔵品の場合は、購入したときに一括して費用に計上することができます。

借方科目	金額	貸方科目	金額
消耗品費	3000	貯蔵品	3000

3章－7 貯蔵品の仕訳②

● 問題

決算で、未使用の切手800円を貯蔵品に振り替えました。なお、この切手は購入時に費用処理しています。

● 解説

この問題では、切手を購入したときに購入金額すべてを費用として処理し、決算において未使用の切手を費用から貯蔵品に振り替える方法を採用しています。購入したときにいったんすべての切手が通信費に計上されているため、決算の仕訳では切手の未使用分だけ通信費を減らします。同時にその未使用分だけ貯蔵品を増やします。そのため、仕訳では、資産の増加を表す借方に貯蔵品800円を、費用の減少を表す貸方に通信費800円を記載します。

借方科目	金額	貸方科目	金額
貯蔵品	800	通信費	800

3章－8 仮払金の仕訳

● 問題

仮払金３万円が精算されました。仮払金のうち、電車代に使用されたのは２万5000円で、残りの5,000円は現金で返金されました。

● 解説

まず、精算によって３万円分の仮払金が減少しているため、仕訳では仮払金３万円を貸方に記載します。仮払金は資産の勘定科目であるため、減少した場合は貸方に記入します。

次に精算の内訳を見ると、電車代、つまり費用が発生していることがわかります。費用が発生した場合は借方に記入するため、電車代を含む勘定科目である旅費交通費を借方に記載します。余った5000円は返金されたため、現金が増加したことがわかります。資産が増加した場合は借方に記入するため、返金された現金5,000円を借方に記載します。

借方科目	金額	貸方科目	金額
旅費交通費 現金	25,000 5,000	仮払金	30,000

3章－9 前渡金の仕訳

● 問題

発注した商品５万円が納品されました。仕入代金のうち２万円は、１か月前に支払済みです。残りの３万円は納品時に現金で支払いました。

● 解説

商品が納品されていることから、仕入高が発生していることがわかります。費用の発生は借方に記入しますので、仕訳では仕入高５万円を借方に記載します。また、商品の納品１か月前に仕入代金の一部が前払いされていることから、前渡金が発生していたことがわかります。商品を受け取ったことにより、この商品に対して支払った前渡金２万円が減少します。資産の減少は貸方に記入しますので、前渡金２万円を貸方に記載します。仕入代金の残り分３万円については、現金で支払われています。仕訳では、資産の減少を表す貸方に現金３万円を記載します。

借方科目	金額	貸方科目	金額
仕入高	50,000	前渡金 現金	20,000 30,000

3章－10 末収入金の仕訳

● 問題

簿価3000万円の土地を3800万円で売却しました。売却代金は翌々月末に入金されます。

● 解説

通常、土地の売却は本来の営業目的以外の取引として行われます。ここでの売却代金は後日払いとなっているため、売却代金分だけ未収入金が発生していることがわかります。仕訳では、資産の増加を表す借方に未収入金3800万円を記載します。一方、売却された土地は減少しますので、資産の減少を表す貸方に土地3000万円を記載します。

また、売却代金が土地の簿価を800万円上回っており、この分だけ収益が発生しているといえます。そのため、この差額は固定資産売却益という収益の勘定科目で表します。収益は発生すると貸方に記入されるため、仕訳では固定資産売却益800万円を貸方に記載します。

借方科目	金額	貸方科目	金額
未収入金	38,000,000	土地 固定資産売却益	30,000,000 8,000,000

3章－11　前払費用の仕訳

● 問題

期中に支払った賃借料24万円はすべて費用に計上しているため、決算で翌期分の賃借料を前払費用に振り替えます。なお、この賃借料は当年度の８月から翌年度７月までの分で、当社の決算日は３月です。

● 解説

期中においては、いったん以下のような仕訳が計上されています。

賃借料240,000 ／ 現金（または預金）240,000

支払った賃借料のうち、当年度にサービスを受けた期間は８月から３月までの８か月間、そして翌年度にサービスを受ける期間は４月から７月までの４か月間です。つまり、賃借料のうち８か月/12か月分は当年度の費用として処理することになります。この分については、期中にすでに費用として計上しているため、決算においては特に仕訳はしません。一方、賃借料のうち翌年度分である４か月/12か月分はまだサービスの提供を受けていないため、「前払費用」として計上します。資産の増加は借方に記入するため、翌年度に受けるサービスに対して支払った「前払費用」８万円（＝24万円×〈４か月/12か月〉）を借方に記載します。この翌期分の賃借料８万円については、いったん期中に費用として計上しているため、この分の費用を減少させる必要があります。そのため、仕訳では費用の減少を表す貸方に賃借料８万円を記載します。

借方科目	金額	貸方科目	金額
前払費用	80,000	賃借料	80,000

3章－12 未収収益の仕訳

● **問題**

決算において、当年度分の貸付金の利息５万円を計上しました。なお、この利息は翌年度に支払われることになっています。

● **解説**

まず、当年度は金銭の貸付けというサービスをすでに提供しているため、当年度分の貸付金の利息を収益に計上します。収益が発生すると仕訳の貸方に記入しますので、受取利息を貸方に記載します。また、金銭の貸付けという継続的なサービスの対価（＝受取利息）が未収となっていることから、未収収益を計上します。未収収益は資産の勘定科目ですので、仕訳では資産の増加を表す借方に未収収益を記載します。

借方科目	金額	貸方科目	金額
未収収益	50,000	受取利息	50,000

3章－13 短期貸付金の仕訳①

● **問題**

普通預金から取引先に200万円貸し付けました。なお、返済期限は９か月後です。

● **解説**

返済期限が１年以内の貸付けであることから、短期貸付金に分類されます。この貸付けによって短期貸付金が増えるため、仕訳では資産の増加を表す借方に短期貸付金200万円を記載します。また、貸付けは普通預金から行われていることから、資産の減少を表す貸方に普通預金200万円を記載します。

借方科目	金額	貸方科目	金額
短期貸付金	2,000,000	普通預金	2,000,000

3章－13 短期貸付金の仕訳②

● 問題

返済期限になり、取引先に貸し付けていた80万円と利息１万円を現金により回収しました。

● 解説

短期貸付金が返済されたため、仕訳では資産の減少を表す貸方に短期貸付金80万円を記載します。また、短期貸付金の返済と同時に利息を受け取っていることから、収益、つまり受取利息が発生していることがわかります。仕訳では収益の発生を表す貸方に受取利息を記載します。さらに、短期貸付金と受取利息の回収はいずれも現金で行われていることから、両者の合計金額81万円（＝短期貸付金80万円＋受取利息１万円）だけ現金が増えたものとして、資産の増加を表す借方に現金を記載します。

借方科目	金額	貸方科目	金額
現金	810,000	短期貸付金 受取利息	800,000 10,000

3章－14 貸倒引当金の仕訳

● 問題

決算において、貸倒引当金300万円を引き当てました。

● 解説

決算において、将来の貸倒れによる損失を見積もり、貸倒引当金を計上しています。貸倒引当金は資産の金額をマイナスする勘定科目であるため、計上する際は貸方に記載します。また、この引き当てによって費用が増加していますので、費用の発生を表す借方に貸倒引当金繰入額300万円を記載します。

借方科目	金額	貸方科目	金額
貸倒引当金繰入額	3,000,000	貸倒引当金	3,000,000

3章－15 建物の仕訳

● **問題**

建物を1000万円で購入し、代金を普通預金口座から支払いました。

● **解説**

建物を1000万円で購入したことから、建物の残高が1000万円増加したことがわかります。資産の増加にあたるため、仕訳では建物を借方に記入します。一方で、その購入代金として普通預金が1000万円減少しています。こちらは資産の減少にあたるため、仕訳では貸方に普通預金を記入します。

借方科目	金額	貸方科目	金額
建物	10,000,000	普通預金	10,000,000

3章－16 機械装置の仕訳①

● **問題**

機械装置50万円を購入し、代金を普通預金口座から支払いました。

● **解説**

機械装置を50万円で購入していることから、機械装置の残高が50万円増加したことがわかります。機械装置は資産の勘定科目です。そのため、仕訳では資産の増加を表す借方に機械装置を記入します。また、機械装置の購入によって普通預金が50万円減少しています。普通預金は資産の勘定科目であることから、仕訳では普通預金を貸方に記入します。

借方科目	金額	貸方科目	金額
機械装置	500,000	普通預金	500,000

3章－16 機械装置の仕訳②

● **問題**

決算で、機械装置の減価償却費20万円を計上しました。

● **解説**

減価償却とは、固定資産の取得価額を耐用年数にわたって費用として配分することをいいます。この配分された費用が減価償却費です。減価償却費は費用の勘定科目ですので、発生した際は借方に記載します。また、減価償却を行うと、計上する減価償却費と同額だけ資産が減少します。資産が減少するときは貸方に記入するため、減価償却の対象になった機械装置を貸方に記載します。なお、減価償却累計額という勘定科目によって、機械装置の残高から間接的に減価償却費を控除する方法もあります（間接控除法）。この方法を採用する場合は、貸方には機械装置ではなく減価償却累計額と記載します。

借方科目	金額	貸方科目	金額
減価償却費	200,000	機械装置	200,000

3章－17 車両・運搬車の仕訳

● 問題

自動車300万円とその自動車に装備されているカーナビ25万円を購入しました。なお、購入代金は翌月末に支払います。

● 解説

自動車を購入したことから、車両運搬具が300万円増加したことがわかります。また、自動車に装備されているカーナビの購入費用は車両運搬具の付属費用にあたりますので、カーナビの購入代金25万円も車両運搬具に含めます。車両運搬具は資産の勘定科目であるため、今回の購入によって増加した金額（車両300万円、カーナビ25万円）を借方に記載します。

一方で、購入時においては代金が未払いとなっています。営業取引以外から生じた債務は未払金として計上します。未払金は将来支払いの義務があるものなので、負債に含まれます。今回の購入によって未払金が増加しているため、仕訳では負債の増加を表す貸方に未払金を記載します。

借方科目	金額	貸方科目	金額
車両運搬具	3,250,000	未払金	3,250,000

3章－18 土地の仕訳

● 問題

土地を500万円で売却し、代金は普通預金口座に振り込まれました。売却時の土地の帳簿価額は420万円でした。

● 解説

売却代金が振り込まれたことから、普通預金が500万円増加しました。普通預金は資産の勘定科目であるため、資産の増加を表す借方に普通預金を記載します。一方で、この売却により、帳簿価額420万円の土地が減少しています。土地は資産の勘定科目であるため、仕訳では、資産の減少を表す貸方に土地を記載します。しかし、普通預金と土地を記載しただけでは、仕訳の借方と貸方の金額が一致しません。なぜなら、土地の帳簿価額より高い金額で売却されているからです。つまり、売却代金と土地の帳簿価額の差額分だけ固定資産売却益という収益が発生しているのです。収益が発生した場合は貸方に記載します。土地の売却益80万円（＝500万円－420万円）を貸方に記載することで、借方と貸方の金額が一致することになります。

借方科目	金額	貸方科目	金額
普通預金	5,000,000	土地 固定資産売却益	4,200,000 800,000

3章－19 固定資産の減価償却

● 問題

決算において、機械の減価償却費120万円を計上しました。

● 解説

減価償却費は費用の勘定科目であることから、費用の発生を表す借方に記載します。また、減価償却によって機械が減少していますので、機械を表す内容を貸方に記載します。直接法の場合は、機械を含む勘定科目である機械装置を貸方に記載します。解答は、直説法の仕訳を記載しています。間接法の場合は、減価償却累計額を貸方に記載します。間接法を採用している場合、貸借対照表上は、固定資産の取得価額から減価償却累計額を差し引く形式で表示されます。

借方科目	金額	貸方科目	金額
減価償却費	1,200,000	機械装置	1,200,000

3章－20 ソフトウェアの仕訳

● 問題

ソフトウェアを80万円で購入し、普通預金から購入代金を振り込みました。

● **解説**

ソフトウェアを購入により取得しているため、仕訳では資産の増加を表す借方にソフトウェア80万円を記載します。また、この購入により代金を普通預金から支払っているため、普通預金が減少していることがわかります。仕訳では資産の減少を表す貸方に普通預金を記載します。

借方科目	金額	貸方科目	金額
ソフトウェア	800,000	普通預金	800,000

3章−21 特許権の仕訳

● **問題**

特許権を550万円で購入し、代金を当座預金から支払いました。

● **解説**

他社からの購入によって、特許権が増加しています。特許権は資産の勘定科目であるため、仕訳では資産の増加を表す借方に記載します。また、購入代金の支払いにより当座預金が減少しています。当座預金は資産であるため、資産の減少を表す貸方に当座預金を記載します。

借方科目	金額	貸方科目	金額
特許権	5,500,000	当座預金	5,500,000

3章−22 投資有価証券の仕訳

● **問題**

当期に80万円で取得したその他有価証券について、期末の時価は100万円でした。なお、税効果は考慮しないものとします。

● **解説**

その他有価証券の期末時価が取得価額を上回った金額については、その他有価証券評価差額金として「純資産の部」に計上します。収益に計上しないのは、その他有価証券はただちに売買し換金するものではないためです。時価が取得価額を上回った分だけその他有価証券が増えていますので、仕訳では資産の増加を表す借方に投資有価証券20万円（=期末時価100万円－取得価額80万円）を記載します。また、同額だけその他有価証券評価差額金も増えていますので、純資産の増加を表す貸方にその他有価証券評価差額金20万円を記載します。なお、翌期首において、この仕訳を洗い替える処理をします。

借方科目	金額	貸方科目	金額
投資有価証券	200,000	その他有価証券 評価差額金	200,000

3章－23 敷金の仕訳①

● 問題

建物を賃借するにあたり、敷金50万円を普通預金から支払いました。

● 解説

基本的に、敷金は将来返還されることが契約に記されているため、支払時に資産として計上します。そのため、資産の増加として借方に敷金50万円を、一方で普通預金が減少しているため貸方に普通預金50万円を記載します。

借方科目	金額	貸方科目	金額
敷金	500,000	普通預金	500,000

3章－23 敷金の仕訳②

● 問題

賃借していた事務所から退去する際に、入居時に支払った敷金30万円から修繕費10万円を差し引いた金額が普通預金に振り込まれました。

● 解説

敷金は退去時に返還されますので、仕訳の貸方に敷金30万円を記載し、敷金を減らします。また、返還された20万円だけ普通預金が増えますので、仕訳の借方に普通預金20万円を記載します。返還されなかった残りの10万円については、修繕費として仕訳の借方に費用計上します。

借方科目	金額	貸方科目	金額
普通預金 修繕費	200,000 100,000	敷金	300,000

3章－24 長期貸付金の仕訳

● **問題**

返済期限が１年以内に到来するため、長期貸付金350万円を短期貸付金に振り替えました。

● **解説**

長期貸付金を短期貸付金に振り替えるためには、仕訳において、長期貸付金を振替金額だけ減らし、短期貸付金を同額だけ増やす処理を行う必要があります。それぞれ資産の勘定科目ですから、資産の増加を表す借方に短期貸付金350万円を、資産の減少を表す貸方に長期貸付金350万円を記載します。

借方科目	金額	貸方科目	金額
短期貸付金	3,500,000	長期貸付金	3,500,000

3章－25 長期前払費用の仕訳①

● **問題**

事務所の賃借料の２年分である360万円を普通預金から支払いました。

● **解説**

継続的に受けるサービスについて、1年を超える期間を経て費用化される前払いは長期前払費用に計上します。仕訳では長期前払費用が増えたものとして、借方に記載します。また、対価の支払いにより普通預金が減少しているため、資産の減少を表す貸方に普通預金を記載します。

借方科目	金額	貸方科目	金額
賃借料	3,600,000	普通預金	3,600,000

3章－25 長期前払費用の仕訳②

● **問題**

長期前払費用に計上していた事務所の賃借料のうち、180万円は翌期の賃借料です。決算において、翌期分を前払費用に振り替えました。

● **解説**

長期前払費用のうち、翌期に費用化される（サービスが提供される）分については、流動資産である前払費用に振り替えます。この振り替えを仕訳に反映させるために、翌期に費用となる180万円分だけ長期前払費用を減らし、代わりに同額だけ前払費用を増やします。

借方科目	金額	貸方科目	金額
前払費用	1,800,000	長期前払費用	1,800,000

3章－26 株式交付費の仕訳

● 問題

会社の規模拡大のため、株式発行により資金を調達します。この株式発行について、広告費、金融機関の手数料、株券の印刷費200万円を普通預金から支払いました。なお、株式交付費は繰延資産として処理します。

● 解説

広告費や金融機関の手数料などは株式発行に直接要した費用です。そのため、この株式発行が会社の規模拡大のために行われたものであれば、これらの費用を繰延資産として計上することができます。そのため、株式発行に直接要した費用200万円は、繰延資産の株式交付費として資産の増加を表す借方に記載します。また、これらの費用の支払いのために普通預金が減少しています。仕訳では資産の減少を表す貸方に普通預金200万円を記載します。

借方科目	金額	貸方科目	金額
株式交付費	2,000,000	普通預金	2,000,000

3章－27 社債発行費の仕訳

● 問題

社債を発行するのにかかった広告費、社債券の印刷費、金融会社の取扱手数料120万円を当座預金から支払いました。なお、社債を発行するために直接支出した費用は繰延資産として処理します。

● 解説

社債を発行するための広告費、社債券の印刷費、金融会社の取扱手数料は、いずれも繰延資産として計上することができる費用です。そのため、これらの費用120万円を資産の増加を表す借方に記載します。一方で、これらの費用を支払った当座預金は減少しています。仕訳では、資産の減少を表す貸方に当座預金を記載します。

借方科目	金額	貸方科目	金額
社債発行費	1,200,000	当座預金	1,200,000

3章−28 創立費の仕訳

● 問題

会社を設立するため、設立登記の登録免許税、株式発行のための広告費、株券の印刷費、定款の作成料が50万円かかりました。これらの費用は現金で支払い、繰延資産として処理しました。

● 解説

設立登記の登録免許税、株式発行にかかる広告費、株券の印刷費、定款の作成料は、いずれも会社を設立するためにかかった費用であり、繰延資産として計上することができます。これらの費用は創立費として、資産の増加を表す借方に記載します。一方、創立費の支払いのために現金が減少しています。そのため、資産の減少を表す貸方に現金を記載します。

なお、設立後の会社の規模拡大のために株式を発行する場合は、株式発行にかかる広告費や株券の印刷費は株式交付費に含まれますが、設立の際の株式発行にかかる費用は創立費に含まれます。

借方科目	金額	貸方科目	金額
創立費	500,000	現金	500,000

3章−29 開業費の仕訳

● 問題

前年度において開業費50万円を繰延資産に計上しました。そのため、当年度の決算では、この開業費について５年間の定額法により償却します。

● 解説

開業費を繰延資産に計上する場合は、開業のときから５年以内のその効果の及ぶ期間にわたって定額法により償却をしなければなりません。この会社では５年間にわたって均等に償却していくことにしています。そのため、当年度の決算では、50万円÷５年間＝10万円が開業費の償却費として計上されます。仕訳では費用の発生は借方に記入するため、費用の勘定科目である開業費償却10万円を借方に記載します。また、償却した分だけ開業費が減少するため、資産の減少を表す貸方に開業費を記載します。

借方科目	金額	貸方科目	金額
開業費償却	100,000	開業費	100,000

3章−30 開発費の仕訳

● 問題

当年度の12月に支出した市場開拓費用180万円を開発費として繰延資産に計上しました。当年度の決算（決算日は３月末日）において、この開発費を３年間の定額法により償却します。

● 解説

開発費を繰延資産として計上する場合は、支出してから５年以内のその効果の及ぶ期間にわたって、定額法等の方法により償却しなければなりません。この会社では、３年間にわたって定額法（毎期均等に償却していく方法）により償却するとしています。当年度においては支出された時期が12月であるため、12月から３月にかけての４か月分の償却費を計上することになります。当年度の償却費を月割計算により求めると、180万円×（４か月/36か月）＝20万円となります。36か月は、償却期間の３年間を月数に換算したものです。費用の発生は借方に記入するため、開発費償却20万円を借方に記載します。また、償却した分だけ開発費が減少するため、資産の減少を表す貸方に開発費20万円を記載します。

借方科目	金額	貸方科目	金額
開発費償却	200,000	開発費	200,000

4章−1 買掛金の仕訳①

● 問題

掛けにより材料10万円を仕入れました。

● 解説

掛けにより仕入れを行っていることから、仕入代金の未払い、つまり買掛金が生じていることがわかります。買掛金は負債の勘定科目ですので、仕訳では負債の増加を表す貸方に記載します。一方で、仕入れた材料は仕入高という勘定科目で管理します（その他、仕入れなどの勘定科目が使われます)。仕入高は材料や商品の仕入れにかかる費用です。仕訳では、費用が生ずると借方に記入するため、仕入高を借方に記載します。

借方科目	金額	貸方科目	金額
仕入高	100,000	買掛金	100,000

4章－1　買掛金の仕訳②

● **問題**

買掛金10万円を普通預金から支払いました。

● **解説**

預金から支払いを行ったことにより10万円分の支払義務はなくなり、その分だけ買掛金が減少します。仕訳では負債が減少すると借方に記入するため、買掛金10万円を借方に記載します。また、支払によって普通預金が10万円減少しています。仕訳では資産が減少すると貸方に記入するため、普通預金10万円を貸方に記載します。

借方科目	金額	貸方科目	金額
買掛金	100,000	普通預金	100,000

4章－2　支払手形の仕訳①

● **問題**

商品15万円を仕入れ、約束手形を振り出して支払いました。

● **解説**

仕入れの支払いに際し約束手形を振り出していることから、支払手形が増加していることがわかります。支払手形は負債の勘定科目ですので、負債の増加を表す貸方に記載します。一方で、仕入れた商品は仕入高という勘定科目で管理します（その他、仕入れなどの勘定科目が使われます)。仕入高は商品の仕入れにかかる費用であるため、費用の発生を表す借方に仕入高を記載します。

借方科目	金額	貸方科目	金額
仕入高	150,000	支払手形	150,000

4章－2　支払手形の仕訳②

● 問題

支払期日の到来により、以前振り出した約束手形35万円が決済され、当座預金から引き落とされました。

● 解説

支払期日が来ると、振り出した約束手形は決済されます。つまり、仕入れの未払い分が預金から支払われることにより、債務である支払手形が減少するのです。仕訳では、負債の減少を表す借方に支払手形を記載します。一方で、仕入代金の支払いにより、当座預金が減少しています。当座預金は資産ですので、資産の減少を表す貸方に当座預金を記載します。

借方科目	金額	貸方科目	金額
支払手形	350,000	当座預金	350,000

4章－3　短期借入金の仕訳

● 問題

銀行から100万円を借り入れ、当座預金に入金されました。返済期日は8か月後です。

● 解説

返済まで1年以内の借入れをしていることから、短期借入金が増えたことがわかります。短期借入金は負債ですので、仕訳では負債の増加を表す貸方に記載します。また、この借入れによって当座預金が増加しています。資産の増加は借方に記入することから、当座預金を借方に記載します。

借方科目	金額	貸方科目	金額
当座預金	1,000,000	短期借入金	1,000,000

4章－4　未払金の仕訳

● 問題

製品を製造するための機械を1000万円で購入しました。代金は翌月末に普通預金から支払います。

● **解説**

機械を購入したものの、まだ購入代金を支払っていません。機械の購入自体は本来の営業目的ではないため、代金の未払いは未払金で処理されます。未払金は負債ですので、仕訳では負債の増加を表す貸方に記載します。一方で、今回の購入により機械が増えています。機械は資産ですので、機械を含む勘定科目である機械装置を借方に記載します。

借方科目	金額	貸方科目	金額
機械装置	10,000,000	未払金	10,000,000

4章－5　未払費用の仕訳

● **問題**

決算において、今月分の事務所の家賃15万円（来月15日支払）の仕訳をしました。

● **解説**

家賃は、事務所の賃貸という継続的なサービスに対して支払っている対価です。今月分についてはすでにそのサービスを受けていることから費用が発生しています。費用の発生は借方に記入するため、家賃15万円を借方に記載します。一方で、今月分のサービスの対価である15万円は来月に支払われるため、未払いの状態になっています。そこで負債の増加を表す貸方に未払費用15万円を記載します。

借方科目	金額	貸方科目	金額
家賃	150,000	未払費用	150,000

4章－6　前受金の仕訳

● **問題**

商品50万円を販売しました。販売代金のうち、20万円は手付金として先月末に振り込まれています。残金は販売したときに、普通預金口座に振り込まれました。

● 解説

まず、販売によって50万円の売上が発生しています。仕訳では収益が生ずると貸方に記入するため、売上を貸方に記載します。また、販売により商品を受け渡す義務がなくなったことから、先月計上された前受金20万円が減少します。仕訳では負債の減少を表す借方に前受金を記載します。同時に残金を普通預金で受け取っているため、資産の増加を表す借方に普通預金30万円（=50万円－20万円）を記載します。

借方科目	金額	貸方科目	金額
前受金 普通預金	200,000 300,000	売上	500,000

4章－7　預り金の仕訳

● 問題

従業員に対する給料30万円のうち、保険料３万円、所得税１万5000円を控除して普通預金から振り込みました。

● 解説

まず、従業員に対する給料が発生しています。会社にとって従業員への給料は費用です。費用が発生した場合は借方に記入しますので、仕訳では借方に給与と記載します。また、給料30万円のうち、会社は保険料と所得税を預かっています。この分は後日従業員に代わって納めるものですので、負債つまり預り金として認識する必要があります。仕訳では、預かった保険料と所得税分の合計金額４万5000円（＝３万円＋１万5000円）を貸方に預り金として記載します。預かった４万5000円以外の給料は従業員に支給していますので、この分は普通預金から減少します。そのため、貸方には普通預金25万5000円（＝30万円－４万5000円）を記載します。

借方科目	金額	貸方科目	金額
給与	300,000	預り金 普通預金	45,000 255,000

4章－8　前受収益の仕訳

● **問題**

決算において、すでに振り込まれた貸付金の利息のうち、翌年度分10万円を前受収益に振り替えました。

● **解説**

貸付金の利息は、振り込まれたときにいったん受取利息として収益に計上されています。そのうち翌年度に提供するサービスの利息10万円については、当年度の収益にはできないため前受収益として負債に計上することになります。そのため、決算の仕訳では、負債の増加を表す貸方に前受収益10万円を記載します。また、期中に計上された受取利息を10万円だけ減少させなければなりませんので、収益の減少を表す借方に受取利息10万円を記載します。

借方科目	金額	貸方科目	金額
受取利息	100,000	前受収益	100,000

4章－9　仮受金の仕訳

● **問題**

当座預金口座に10万円が振り込まれましたが、入金の理由が不明です。

● **解説**

内容が不明な入金であるため、一時的にこの10万円を仮受金として処理することになります。この場合、仮受金の増加となるので、仕訳では貸方に仮受金を記入します。仮受金は入金理由が不明であり、将来返金する可能性も考えられることから、負債に分類されます。一方で、当座預金が10万円増えています。これは資産の増加にあたりますので、仕訳では当座預金を借方に記入します。なお、入金10万円の内容が判明した場合、仮受金を他の適切な勘定に振り替えることになります。

借方科目	金額	貸方科目	金額
当座預金	100,000	仮受金	100,000

4章－10 賞与引当金の仕訳

● 問題

翌年度に支払う予定となっている賞与100万円を決算において引き当てました。なお、この賞与の支給対象期間は当年度に属しています。

● 解説

賞与支給対象期間はすでに経過しているものの、賞与支給時期が翌年度となっているケースです。この場合、賞与の支給対象期間における従業員の労働はすでに提供されていますので、その労働の対価分（賞与）を費用として計上しなければなりません。そこで、費用の発生を表す借方に賞与引当金繰入額を記載します。また、同額だけ賞与引当金が増えていますので、負債の増加を表す貸方に賞与引当金を記載します。

借方科目	金額	貸方科目	金額
賞与引当金繰入額	1,000,000	賞与引当金	1,000,000

4章－11 未払法人税等の仕訳

● 問題

決算において、法人税、住民税、事業税の合計80万円を未納付分として計上しました。

● 解説

当年度に発生した法人税、住民税、事業税は、決算において仕訳をします。税金の発生は借方に記入するため、仕訳ではこれらを含む勘定科目である法人税、住民税および事業税を借方に記載します。また、同額だけ法人税等の未払いが発生しています。そのため、仕訳では負債の増加を表す貸方に未払法人税等を記載します。

借方科目	金額	貸方科目	金額
法人税、住民税 及び事業税	800,000	未払法人税等	800,000

4章－12 未払消費税等の仕訳①

● 問題

決算において、消費税の未納付分150万円を計上しました。この会社は税込方式を採用しています。

● **解説**

まず、未払消費税等150万円については、負債の増加となることから仕訳の貸方に記載します。借方については、税込方式を採用している場合は租税公課を記載します。租税公課は費用の勘定科目です。費用の発生は借方に記入しますので、この場合も仕訳の借方に租税公課を記載しています。

借方科目	金額	貸方科目	金額
租税公課	1,500,000	未払消費税等	1,500,000

4章－12　未払消費税等の仕訳②

● **問題**

決算において、消費税の未納付分150万円を計上しました。なお、この会社は税抜方式を採用しており、決算日における仮払消費税等は350万円、仮受消費税等は500万円です。

● **解説**

税抜方式を採用しているため、決算において仮払消費税等と仮受消費税等を相殺する必要があります。そのため、仕訳では資産の勘定科目である仮受消費税等を貸方に、負債の勘定科目である仮受消費税等を借方に記載することで、それぞれの勘定科目の残高を減少させます。仮受消費税等が仮払消費税等を上回っている金額は、会社がこれから納付すべき消費税額です。この消費税分は決算日時点では未払いになっていますので、未払消費税等として計上することになります。負債の増加は貸方に記載しますので、未払消費税等150万円を仕訳の貸方に記載します。これで、仕訳の借方と貸方のそれぞれの金額の合計が一致します。

借方科目	金額	貸方科目	金額
仮受消費税等	5,000,000	仮払消費税等 未払消費税等	3,500,000 1,500,000

4章－12　未払消費税等の仕訳③

● 問題

未納付であっていた消費税額150万円を普通預金から支払いました。

● 解説

消費税を支払ったことにより、未払消費税等は減少します。仕訳では、負債の減少を表す借方に未払消費税等を記載します。また、消費税の支払いにより普通預金も150万円減少しています。仕訳では、資産の減少を表す貸方に普通預金を記載します。

借方科目	金額	貸方科目	金額
未払消費税等	1,500,000	普通預金	1,500,000

4章－13　社債の仕訳

● 問題

額面100万円の社債（額面100円に対し発行価格は95円です）を発行し、当座預金に払い込まれました。

● 解説

社債が発行されたときは、額面金額ではなく発行価格で計上します。この問題の場合、社債一口当たりでは額面100円に対し発行価格95円となっています。そして社債の額面金額が100万円であることをふまえると、発行価格は95万円であることがわかります。負債の増加は貸方に記入しますので、社債95万円を貸方に記載します。一方、社債の発行に伴い当座預金が95万円増加しています。仕訳では、資産の増加を表す借方に当座預金95万円を記載します。

借方科目	金額	貸方科目	金額
当座預金	950,000	社債	950,000

4章－14　長期借入金の仕訳

● 問題

決算において、長期借入金のうち翌期に返済する200万円を短期借入金に振り替えました。

● 解説

決算日から1年以内に返済する借入金は短期借入金に分類されます。そのため、この決算処理においては、長期借入金を200万円減らし、代わりに短期借入金を200万円増やすという仕訳を作成します。長期借入金と短期借入金はいずれも負債ですので、減った長期借入金は借方に、増えた短期借入金は貸方に記載します。なお、この場合は短期借入金ではなく1年以内返済長期借入金などの勘定科目を使用することもあります。

借方科目	金額	貸方科目	金額
長期借入金	2,000,000	短期借入金	2,000,000

4章－15 退職給付引当金の仕訳

● 問題

決算において、退職給付引当金に1500万円を繰り入れました。

● 解説

退職給付引当金の仕訳は、決算のときに作成されます。この問題では、新たに退職給付引当金を1500万円増やすことが決定されています。退職給付引当金は負債ですので、仕訳では負債の増加を表す貸方に退職給付引当金1500万円を記載します。同時に、当期までに負担する費用も1500万円発生しています。仕訳では、発生した費用は借方に記入しますので、退職給付引当金に繰り入れる費用を表す退職給付費用1500万円を借方に記載します。

借方科目	金額	貸方科目	金額
退職給付費用	15,000,000	退職給付引当金	15,000,000

4章－16 役員退職慰労引当金の仕訳

● 問題

役員退職慰労金の当期末の要支給額を内規に基づき見積もり、当期の負担額120万円を引き当てました。

● 解説

当期の負担額とは、当期末の要支給額から前期末の要支給額を差し引いた金額です。この金額だけ役員退職慰労引当金を引き当てる処理を行っているため、仕訳では負債の増加を表す貸方に役員退職慰労引当金120万円を記載します。一方で、当期における役員の労務の対価として、役員退職慰労引当金の計上額と同額だけ費用を計上します。仕訳では、費用の発生を表す借方に役員退職慰労引当金繰入額120万円を記載します。

借方科目	金額	貸方科目	金額
役員退職慰労引当金繰入額	1,200,000	役員退職慰労引当金	1,200,000

5章－1　資本金の仕訳

● 問題

新株発行の払込期日になったため、払込金3000万円を資本金に振り替える処理をしました。

● 解説

払込期日の前日までにすでに3000万円が払い込まれています。払込期日の前日までは株式発行の効力が発生していないため、払込金は会社が一時的に預かっている状態です。そのため、払込期日前日までは新株式申込証拠金という勘定科目で払込金3000万円を管理します。

この問題では、払込期日が来たときの仕訳を作成します。つまり、株式発行の効力が発生したため、新株式申込証拠金で管理していた払込金3000万円を資本金に振り替える仕訳をします。この場合、資本金が増えますので、純資産の増加を表す貸方に資本金を記載します。また、新株式申込証拠金も純資産の中に表示される勘定科目です。そのため、資本金に振り替える仕訳では、純資産の減少を表す借方に新株式申込証拠金を記載します。

借方科目	金額	貸方科目	金額
新株式申込証拠金	30,000,000	資本金	30,000,000

5章－2　資本準備金の仕訳

● 問題

資本準備金500万円を取り崩し、その他資本剰余金に組み入れました。

● 解説

その他資本剰余金とは、資本剰余金のうち資本準備金以外のものをさします。つまり、その他資本剰余金も純資産に含まれます。この問題では、資本準備金を500万円減らす代わりに、その他資本剰余金を500万円増やしています。仕訳では、純資産が増えるときは貸方に、減るときは借方に記入します。そのため、増えたその他資本剰余金は貸方に、減った資本準備金は借方に記載します。

借方科目	金額	貸方科目	金額
資本準備金	5,000,000	その他資本剰余金	5,000,000

5章－3 その他資本剰余金の仕訳

● 問題

取得価額100万円の自己株式を処分しました。処分価格120万円は当座預金に入金されています。

● 解説

自己株式は純資産の中でマイナス表示される勘定科目です。そのため、仕訳においては、他の純資産の勘定科目が増減したときとは反対の動きをします。この問題のように自己株式を処分したときの仕訳では、自己株式の減少を表す貸方に自己株式を記入します。また、自己株式の取得価額100万円を処分価額120万円が上回っているため、この差益分だけその他資本剰余金が増加しています。仕訳では、純資産の増加を表す貸方にその他資本剰余金20万円（＝処分価額120万円－取得価額100万円）を記載します。そして、この処分価額分だけ当座預金が増加していることから、資産の増加を表す借方に当座預金120万円を記載します。

借方科目	金額	貸方科目	金額
当座預金	1,200,000	自己株式 その他資本剰余金	1,000,000 200,000

5章－4 利益準備金の仕訳

● 問題

繰越利益剰余金から500万円を配当することが株主総会で決議されました。なお、配当額の10分の１は利益準備金に積み立てます。

● 解説

配当額500万円については、まだ株主総会で決議された段階であり、実際には株主に支払われていません。そのため、未払配当金という負債の勘定科目を記入します。負債の増加は貸方に記入するため、未払配当金500万円は貸方に記載します。資本準備金と利益準備金の合計額が資本金の４分の１に達するまでは、配当額の10分の１は資本準備金または利益準備金に積み立てなければなりません。この問題では、配当額500万円の10分の１である50万円を利益準備金に積み立てています。仕訳では純資産の増加は貸方に記入するため、利益準備金50万円を貸方に記載します。

配当の原資となっているのは利益剰余金の勘定科目である繰越利益剰余金です。今回の配当によって繰越利益剰余金からは、配当500万円の他に、利益準備金への積立て50万円が減少していることになります。純資産の減少は借方に記入するため、繰越利益剰余金550万円を借方に記載します。

借方科目	金額	貸方科目	金額
繰越利益剰余金	5,500,000	未払配当金 利益準備金	5,000,000 500,000

5章－5　任意積立金の仕訳

● 問題

株主総会の決議により、別途積立金300万円を積み立てました。

● 解説

株主総会の決議により別途積立金が300万円増加し、同時に積み立て原資となる繰越利益剰余金が300万円減少しています。別途積立金と繰越利益剰余金はいずれも純資産の勘定科目ですので、仕訳では、純資産の増加を表す貸方に別途積立金300万円を、純資産の減少を表す借方に繰越利益剰余金300万円を記載します。

借方科目	金額	貸方科目	金額
繰越利益剰余金	3,000,000	別途積立金	3,000,000

6章－1　売上高の仕訳①

● **問題**

商品を販売し、代金１万円を現金で受け取りました。

● **解説**

商品を販売すると、貸方に売上高という収益が発生します。現金で代金を受け取っているため、借方科目には現金が入ります。

借方科目	金額	貸方科目	金額
現金	10,000	売上高	10,000

6章－1　売上高の仕訳②

● **問題**

得意先甲社へ100万円分の商品を引き渡し、甲社から検収書が送られてきました。代金は月末に請求書を発行し、翌月末に振り込まれる予定です。なお、当社は検収基準で売上を計上しています。

● **解説**

検収基準の場合、相手先からの検収書を確認してから売上高を計上します。代金はまだ支払われていないため、借方は売掛金となります。

借方科目	金額	貸方科目	金額
売掛金	1,000,000	売上高	1,000,000

6章－1　売上高の仕訳③

● **問題**

乙商事へ掛けで販売した商品の中に注文と異なるものがあったため、３万円分の商品が返品されました。

● **解説**

返品の場合、売上高を借方に記載することで、返品分の収益をマイナスします。売上返品高など、独立した勘定科目を設定して表示する場合もあります。値引きをした場合も同様で、借方は売上高または売上値引となります。

借方科目	金額	貸方科目	金額
売上高	30,000	売掛金	30,000

6章－1　売上高の仕訳④

● **問題**

先月掛けで売り上げた商品5万円のうち、3,000円を値引きしました。なお、入金期日は今月末です。

● **解説**

先月商品を販売した際には、以下のように仕訳されています。

（借方）　売掛金　50,000／（貸方）　売上高　50,000

入金は今月末であることから、このときの計上した売掛金はまだ残っていることになります。そのため、値引きした金額だけ、売上高および売掛金を減らす仕訳をします。仕訳では、資産の減少を表す貸方に売掛金3,000円を、収益の減少を表す借方に売上高3,000円を記載します。

なお、貸方に記載する勘定科目を売上高ではなく、売上値引とする方法もあります。いずれの方法でも、損益計算書上は売上値引き分を差し引いた後の金額が売上高として表示されます。

借方科目	金額	貸方科目	金額
売上高	3,000	売掛金	3,000

6章－2　仕入高の仕訳①

● **問題**

店舗で販売する商品を、卸業者から現金１万円で購入しました。

● **解説**

仕入高は費用の勘定科目ですので、借方に記載します。貸方には支払手段である現金が入ります。

借方科目	金額	貸方科目	金額
仕入高	10,000	現金	10,000

6章－2　仕入高の仕訳②

● **問題**

甲社より材料30万円の納品を受け、検収を済ませました。代金の半分は約束手形で支払い、残りの半分は１か月後に支払うことになっています。

● 解説

仕入高は原則として発生主義で計上しますので、検収を終えた30万円分を仕入高とします。代金の半分となる15万円は支払手形を振り出し、残りの15万円は未払いとなっているため買掛金を計上します。

借方科目	金額	貸方科目	金額
仕入高	300,000	支払手形 買掛金	150,000 150,000

6章－3　売上原価の仕訳①

● 問題

決算において、仕入高勘定で売上原価を計算しました。なお。期首商品棚卸高は100万円、期末商品棚卸高は150万円、当期仕入高は500万円です。

● 解説

仕入高勘定で売上原価を計算するため、仕入高勘定の累計金額が売上原価を表すように仕訳を作成します。

まず期首の在庫100万円が当期に売り上げられたものと考え、いったんすべて仕入高に振り替えます。仕訳では、費用の発生を表す借方に仕入高100万円を、資産の減少を表す貸方に繰越商品100万円を記載します。次に、期首の在庫および当期の仕入高すべての中から売れ残ったもの、つまり期末の在庫150万円を仕入高から除きます。仕訳では、資産の増加を表す借方に繰越商品150万円を、費用の減少を表す貸方に仕入高150万円を記載します。当期の仕入高500万円については期中に仕訳が計上されているため、決算においては仕訳をしません。

期中に計上された仕入高500万円と今回の決算仕訳で計上された仕入高を合わせることで、以下のように売上原価を算定しています。

期首商品棚卸高100万円＋当期仕入高500万円－期末商品棚卸高150万円

＝当期の売上原価450万円

借方科目	金額	貸方科目	金額
仕入高 繰越商品	1,000,000 1,500,000	繰越商品 仕入高	1,000,000 1,500,000

6章－3 売上原価の仕訳②

● **問題**

決算において、売上原価勘定で売上原価を計算しました。なお、期首商品棚卸高は200万円、期末商品棚卸高は120万円、当期仕入高は720万円です。

● **解説**

売上原価勘定で売上原価を計算するため、売上原価勘定の累計金額が売上原価を表すように仕訳を作成します。

まず期首の在庫200万円が当期に売り上げられたものと考え、いったんすべて売上原価に振り替えます。仕訳では、費用の発生を表す借方に売上原価200万円を、資産の減少を表す貸方に繰越商品200万円を記載します。次に、当期仕入高720万円については期中に仕入高勘定で計上されているため、これを売上原価勘定に振り替えます。仕訳では、費用の増加を表す借方に売上原価720万円を、費用の減少を表す貸方に仕入高720万円を記載します。最後に、期首の在庫および当期の仕入高すべての中から売れ残ったもの、つまり期末の在庫120万円を売上原価から除きます。仕訳では、資産の増加を表す借方に繰越商品120万円を、費用の減少を表す貸方に売上原価120万円を記載します。

今まで計上された売上原価勘定を合わせることで、以下のように当期の売上原価を算定していることがわかります。

期首商品棚卸高200万円＋当期仕入高720万円－期末商品棚卸高120万円
＝当期の売上原価800万円

借方科目	金額	貸方科目	金額
売上原価	2,000,000	繰越商品	2,000,000
売上原価	7,200,000	仕入高	7,200,000
繰越商品	1,200,000	売上原価	1,200,000

6章－4 期末商品の評価と仕訳

● **問題**

期末において、商品の正味売却価額が帳簿価額を下回ったため、当該差額80万円を商品の帳簿価額から切り下げました。

● 解説

商品の正味売却価額が帳簿価額を下回っているため、商品の収益性の低下を仕訳に反映させます。つまり、正味売却価額が帳簿価額を下回った分だけ商品の帳簿価額を切り下げ、その分の評価損を費用に計上します。帳簿価額切り下げにより、商品残高が減少することから、仕訳の貸方に商品80万円を記載します。また、商品の評価損は売上原価になるため、費用の発生を表す借方に売上原価80万円を記載します。

借方科目	金額	貸方科目	金額
売上原価	800,000	商品	800,000

6章－6 給料の仕訳①

● 問題

アルバイトの給与３万円を現金で手渡しました。

● 解説

給与を支給した時は給料、給与手当などの科目を使います。給料という費用が発生していることから、借方に記載します。

借方科目	金額	貸方科目	金額
給料	30,000	現金	30,000

6章－6 給料の仕訳②

● 問題

従業員20人分の給与を振り込みました。その内訳は、以下の通りです。

①支給額　給与500万円・通勤手当30万円

②給与から徴収する金額　源泉所得税60万円・市民税20万円・健康保険料30万円・厚生年金保険料40万円

なお、給与は会社の普通預金口座から総合振込サービスを利用して振り込んでおり、振込手数料は4,000円でした。

● 解説

給与の支給額は、借方へ計上します。残業手当や家族手当などを支給している場合も、給料に含めます。ただし通勤手当は金額に含めずに、旅費交通費や通勤費などとして処理をします。源泉所得税・市民税の特別徴収・健康保険料・厚生年金保険料など、給与からの天引き分については、預り金で処理をします。

借方科目	金額	貸方科目	金額
給料	5,000,000	普通預金	3,804,000
通勤費	300,000	預り金（源泉所得税）	600,000
支払手数料	4,000	預り金（市民税）	200,000
		預り金（健康保険料）	300,000
		預り金（厚生年金保険料）	400,000

6章－7 旅費交通費の仕訳①

● 問題

営業部門の社員へ、外回りに要した電車・バス代2,000円を現金で渡しました。

● 解説

社員が営業活動をする際に立て替えた交通費については、その社員自身が旅費精算を行います。旅費精算の方法は、個々の社員が旅費精算伝票など所定の用紙に領収証などを添付して、会社の経理部へ提出するのが一般的です。経理部は、提出された伝票や領収証をもとに旅費交通費を計上します。

借方科目	金額	貸方科目	金額
旅費交通費	2,000	現金	2,000

6章－7 旅費交通費の仕訳②

● 問題

新規取引先を開拓するため、営業部の社員が他県へ出張し、以下の金額を立て替えたとの報告を受けました。

新幹線代24,000円・タクシー代5,000円・日当4,000円・ホテルの宿泊代20,000円

● 解説

新幹線代・タクシー代・日当・宿泊代の合計を、旅費交通費として計上します。出張した場合には、旅費精算伝票と一緒に、出張報告書などの客観的

な記録を残しておくとよいでしょう。

借方科目	金額	貸方科目	金額
旅費交通費	53,000	未払金	53,000

6章－7　旅費交通費の仕訳③

● 問題

新製品開発の研究のため、関連分野の学会に出席しました。出張にかかった費用は、交通費および宿泊代３万円と懇親会の出席費用5,000円で、すべて現金で精算しました。

● 解説

出張にかかった費用のうち、交通費と宿泊代は旅費交通費で処理をします。ただし、懇親会の参加費用は交際費ですから、旅費交通費とは区別して処理をしなければなりません。

借方科目	金額	貸方科目	金額
旅費交通費 交際費	30,000 5,000	現金	35,000

6章－7　旅費交通費の仕訳④

● 問題

出張前の従業員に旅費交通費の概算額として10万円を渡していましたが、出張後に９万円を使用した旨の報告を受け、残りの１万円を現金で受け取りました。

● 解説

出張前の従業員に対し、概算で10万円を渡した際の仕訳は以下のようになります。

（借方）　仮払金　100,000／（貸方）　現金　100,000

そして、仮払金を精算する時に旅費交通費に振り替えます。精算時の仕訳では、仮払金10万円を取り崩すとともに、使用された９万円を旅費交通費として計上します。仮払金は資産ですので、資産の減少を表す貸方に仮払金10万円記載し、発生した費用を表す借方に旅費交通費９万円を記載します。また、使用されなかった１万円は現金として受け取っているため、資産の増加を表す借方に現金１万円を記載します。

借方科目	金額	貸方科目	金額
旅費交通費 現金	90,000 10,000	仮払金	100,000

6章－8　通勤費の仕訳①

● 問題

社員10名分の１か月の定期代15万円を、普通預金口座から振り込みました。

● 解説

社員の定期代は一般的には通勤費で処理します。ただし従業員の人数が少ない場合など、会社によっては交通費や旅費交通費など他の科目を使用する場合もあります。

借方科目	金額	貸方科目	金額
通勤費	150,000	普通預金	150,000

6章－8　通勤費の仕訳②

● 問題

給料日となったため、アルバイト３名の給料30万円と交通費５万円を現金で支給しました。また、源泉所得税2,400円を支給額から源泉徴収しています。

● 解説

通勤費は、給料と一緒に計算する場合が多いようです。給料に含めてしてしまわないように注意しましょう。源泉所得税は、預り金で処理します。

借方科目	金額	貸方科目	金額
給料 通勤費	300,000 50,000	現金 預り金	347,600 2,400

6章－9　福利厚生費の仕訳①

● 問題

全従業員参加の運動会に要した費用30万円を現金で支払いました。

● 解説

社内の親睦活動にかかる費用であり、かつ、すべての従業員に対して行われたものであるため、この運動会にかかった費用は福利厚生費に含まれます。そのため、費用の発生を表す借方に福利厚生費30万円を記載します。また、現金が減少しているため、資産の減少を表す貸方に現金30万円を記載します。

借方科目	金額	貸方科目	金額
福利厚生費	300,000	現金	300,000

6章－9 福利厚生費の仕訳②

● 問題

前月分の健康保険料62万円が、普通預金口座より引き落とされていました。その内訳は、従業員負担分31万円、当社負担分31万円でした。

● 解説

健康保険料や厚生年金保険料は、会社と本人が折半して負担することになります（ただし、児童手当拠出金は会社が全額負担）。従業員が負担する健康保険料や厚生年金保険料などについては給料から差し引いて、預り金として貸方に計上します。そして保険料を納付したときに、借方へ仕訳をして精算します。また、会社負担分の健康保険料や厚生年金保険料は、法定福利費という一般管理費科目で処理をします。

借方科目	金額	貸方科目	金額
預り金 法定福利費	310,000 310,000	普通預金	620,000

6章－10 賃借料の仕訳①

● 問題

コピー機の年間リース料36万円が、普通預金口座より引き落とされました。

● 解説

事務機械のリース代は賃借料で処理します。また、普通預金から支払っているため、貸方に普通預金を記載して残高を減らします。

借方科目	金額	貸方科目	金額
賃借料	360,000	普通預金	360,000

6章－10　賃借料の仕訳②

● 問題

オフィスとして利用する部屋を賃借し、翌月分の家賃20万円を不動産業者へ普通預金から振り込みました。振込手数料は500円で、当社が負担しています。

● 解説

この場合は、賃借料ではなく家賃などの科目で処理することもあります。振込手数料については、支払手数料という勘定科目により費用計上します。

借方科目	金額	貸方科目	金額
賃借料 支払手数料	200,000 500	普通預金	200,500

6章－11　役員報酬・役員賞与・役員退職金の仕訳①

● 問題

当社の取締役に対する役員報酬100万円から、源泉所得税10万円、市民税５万円、健康保険料５万円、厚生年金保険料８万円を控除して普通預金口座から振り込みました。

● 解説

税金や社会保険料が天引きされる前の総額を、役員報酬として計上します。源泉所得税・市民税・健康保険料・厚生年金保険料は、預り金へ計上し、税金や社会保険料を支払う際の仕訳で借方に記載します。

借方科目	金額	貸方科目	金額
役員報酬	1,000,000	普通預金 預り金（源泉所得税） 預り金（市民税） 預り金（健康保険料） 預り金（厚生年金保険料）	720,000 100,000 50,000 50,000 80,000

6章－11　役員報酬・役員賞与・役員退職金の仕訳②

● **問題**

当社の取締役甲氏が居住しているマンションの家賃は、会社が負担しており、毎月普通預金口座から引き落とされています。なお、家賃については数年間変更がなく、月額15万円です。

● **解説**

役員に居住用家屋を無償で提供したり、金銭を無利息で貸し付けたりする場合、法人税法ではその役員へ報酬を支給したとみなされます。ですから本問では、家賃に相当する額を役員報酬に分類するのが一般的な処理です。なお、金額や扶養家族の人数に応じて、源泉徴収が必要な場合があります。

借方科目	金額	貸方科目	金額
役員報酬	150,000	普通預金	150,000

6章－11　役員報酬・役員賞与・役員退職金の仕訳③

● **問題**

当社の取締役に対して、賞与100万円を支給しました。源泉所得税16万円、厚生年金保険料８万円を差し引いて、普通預金口座より振り込みました。

● **解説**

賞与の支給額は役員賞与で計上します。なお、役員賞与については、法人税法上の規定に基づいた届出がなければ、税法上では費用として認められない場合があります。

借方科目	金額	貸方科目	金額
役員賞与	1,000,000	普通預金	760,000
		預り金（源泉所得税）	160,000
		預り金（厚生年金保険料）	80,000

6章－11　役員報酬・役員賞与・役員退職金の仕訳④

● **問題**

株主総会の決議により、退任した役員へ退職金1000万円の支給が決定しました。

● 解説

退職金の支給額は、役員退職金で処理します。支給が決定していますが、未払いであるため、貸方は未払金を計上します。

借方科目	金額	貸方科目	金額
役員退職金	10,000,000	未払金	10,000,000

6章－12 租税公課の仕訳①

● 問題

収入印紙３万円分を現金で購入し、領収書を発行するために使用しました。

● 解説

印紙税は、収入印紙を購入することにより納める税金です。印紙代として支払った金額は費用に分類されるため、借方に租税公課を記載します。また、現金で支払っていますので、貸方には現金が入ります。収入印紙が使用されずに保管されている場合は、厳密にいえば費用はまだ発生していないことになります。この場合、原則的には貯蔵品として棚卸資産に計上します。

借方科目	金額	貸方科目	金額
租税公課	30,000	現金	30,000

6章－12 租税公課の仕訳②

● 問題

自動車税10万円を現金により納付しました。

● 解説

自動車税は自動車の保有者に対して課される税金であり、租税公課に含まれる項目のひとつです。そのため、発生した費用を表す借方に租税公課10万円を記載します。また、自動車税の納付により、同額だけ現金が減っていますので、貸方に現金10万円を記載します。

借方科目	金額	貸方科目	金額
租税公課	100,000	現金	100,000

6章－13　運賃の仕訳①

● 問題

遠方の得意先へ、製品10個を宅配便で送りました。送料2,000円は当社が負担して現金で支払いました。

● 解説

製品を宅配便で送った場合の送料は、その製品を販売するための支出ですから、経費として処理します。宅配便の送料は運賃の科目になります。

借方科目	金額	貸方科目	金額
運賃	2,000	現金	2,000

6章－13　運賃の仕訳②

● 問題

営業所へパンフレット2000部を郵便小包で送りました。送料1,000円は、窓口で現金で支払いました。

● 解説

本店から営業所へなど、会社内部で物品を運搬しなければならない場合もあります。社内間における物の輸送のために支出した費用も、運賃として取り扱われます。

借方科目	金額	貸方科目	金額
運賃	1,000	現金	1,000

6章－14　通信費の仕訳①

● 問題

切手代１万円を現金で支払いました。

● 解説

郵便を送るための切手代は通信費です。しかし厳密にいえば、未使用の切手は貯蔵品という棚卸資産へ計上します。ただ、通常の範囲内ですぐに消費するものであれば、購入時に通信費として差し支えありません。

借方科目	金額	貸方科目	金額
通信費	10,000	現金	10,000

6章－14　通信費の仕訳②

● **問題**

営業社員に持たせている携帯電話の使用料５万円が、普通預金口座より引き落とされました。

● **解説**

業種や職種によりますが、外回りの多い社員とすぐに連絡がとれるように、社員に携帯電話を支給するケースがあります。会社が支給する携帯電話や端末などは、一括して会社が法人契約しており、使用料は問題にもあるように会社の預金口座から引き落とされるのが一般的です。このような法人契約により支出した携帯電話の使用料は、通信費として処理します。

借方科目	金額	貸方科目	金額
通信費	50,000	普通預金	50,000

6章－15　広告宣伝費の仕訳①

● **問題**

業界雑誌へ広告を出し、広告料10万円を小切手で支払いました。

● **解説**

広告料は、広告宣伝費として経費で処理します。小切手払いの場合、貸方科目は当座預金となります。

借方科目	金額	貸方科目	金額
広告宣伝費	100,000	当座預金	100,000

6章－15　広告宣伝費の仕訳②

● **問題**

販売促進のためのキャンペーンを行い、抽選ハガキによる応募者のうち２名を国内旅行に招待しました。旅行費用15万円を未払金として計上しています。

● **解説**

キャンペーン応募者の中から抽選で招待者を決定していることから、不特定多数を対象としているといえます。そのため、旅行費用15万円は広告宣伝費として処理します。

借方科目	金額	貸方科目	金額
広告宣伝費	150,000	未払金	150,000

6章－16　光熱費の仕訳①

● 問題

当月分の電気代３万円が、普通預金口座から引き落とされました。

● 解説

電気代は必ず発生する経費のひとつだといえます。会社が契約して支払った電気代は、光熱費として計上します。

借方科目	金額	貸方科目	金額
光熱費	30,000	普通預金	30,000

6章－16　光熱費の仕訳②

● 問題

当期３月分の電気代10,000円の支払期日が未到来のため、決算において未払費用を計上しました。

● 解説

電気代やガス代は翌月に引き落とされる場合が多いので、決算月には経過分を計上します。このような、まだ支払いをしていないが当期の費用に該当するものを見越費用といいます。見越費用は、貸方科目を未払費用として計上します。

借方科目	金額	貸方科目	金額
光熱費	10,000	未払費用	10,000

6章－17　支払手数料と仕訳①

● 問題

買掛金15万円を普通預金から振り込んだ際に、振込手数料600円がかかりました。

● 解説

支払いにより買掛金が減っているため、仕訳では負債の減少を表す借方に買掛金15万円を記載します。同時に振込手数料が生じているため、費用の発生を表す借方に支払手数料600円を記載します。普通預金からは買掛金支払い分だけではなく振込手数料も引き落とされているため、資産の減少を表す貸方に普通預金15万600円（＝買掛金15万円＋振込手数料600円）を記載します。

借方科目	金額	貸方科目	金額
買掛金 支払手数料	150,000 600	普通預金	150,600

6章－17 支払手数料と仕訳②

● 問題

顧問税理士に対し報酬30万円を普通預金から振り込みました。なお、報酬の10.21%を源泉徴収しています。

● 解説

顧問税理士に支払う報酬は支払手数料で管理するため、仕訳では費用の発生を表す借方に支払手数料30万円を記載します。税理士などの外部の専門家へ報酬を支払う場合、そこから源泉徴収する税金は、所得税と復興特別所得税を合わせて10.21%、100万円を超える部分については20.42%です。報酬から天引きした税金は後日税務署に納付するため、預り金として管理します。この問題で源泉徴収した金額は、30万円×10.21%＝30,630円です。預り金は負債ですので、負債の増加を表す貸方に預り金30,630円を記載します。また、報酬30万円から源泉徴収税額を除いた金額を税理士に支払っているため、普通預金の減少額は30万円－30,630円＝269,370円となります。仕訳では、資産の減少を表す貸方に普通預金269,370円と記載します。

借方科目	金額	貸方科目	金額
支払手数料	300,000	普通預金 預り金	269,370 30,630

6章－18 新聞図書費の仕訳①

● 問題

当月の新聞代4,000円を現金で支払いました。

● 解説

情報収集のために、たとえば業界紙など専門的な内容の新聞を定期購読した場合には、当然ながら新聞図書費として処理することができます。設問では通常の日刊紙の設定ですが、日刊紙の購読料についても、会社のお金から支出したのであれば新聞図書費で処理します。

借方科目	金額	貸方科目	金額
新聞図書費	4,000	現金	4,000

6章－18 新聞図書費の仕訳②

● 問題

業界雑誌を定期購読し、年間購読料２万円を普通預金口座より振り込みました。

● 解説

雑誌の年間購読料は新聞図書費に該当します。ただし、事業内容と合わないような雑誌であれば注意が必要です。使用する目的により科目の分類が異なる場合もあります。たとえば従業員の慰安のためであれば、金額が大きければ福利厚生費になります。少額の場合は雑費に含めて差し支えありません。設問の場合は業界紙ということで、業務に関連する雑誌ですから新聞図書費になります。

借方科目	金額	貸方科目	金額
新聞図書費	20,000	普通預金	20,000

6章－19 会議費の仕訳①

● 問題

社内で会議を行った際の弁当代１万円と会議室使用料２万円を小切手で支払いました。

● 解説

打ち合わせの際の飲食代は、高額なものでなければ会議費として処理します。また、貸会議室の使用料も会議費に含まれます。

借方科目	金額	貸方科目	金額
会議費	30,000	当座預金	30,000

6章−19 会議費の仕訳②

● 問題

会議室に取引先を招いて新製品のプレゼンテーションを行いました。終了後に参加者で軽食をとりながら打ち合わせを行いました。食事代１万円は当社が負担し、現金で支払いました。

● 解説

打ち合わせをしながらの食事ですから、会議費として処理することができます。交際費と判断された場合についてですが、法人税の規定では経費と認められない場合があります。

会議の議事録やプレゼンテーション資料などは、会議費として計上した客観的な証拠となりますので、できるだけ記録に残しておくようにしましょう。

借方科目	金額	貸方科目	金額
会議費	10,000	現金	10,000

6章−20 保険料の仕訳①

● 問題

当月分の事務所用建物の火災保険料10万円が、普通預金から引き落とされました。

● 解説

事務所用建物を対象としてかけられた火災保険ですから、引き落とされた10万円は会社の経費となります。この場合、勘定科目は保険料で処理します。

借方科目	金額	貸方科目	金額
保険料	100,000	普通預金	100,000

6章−20 保険料の仕訳②

● 問題

３年前に損害保険を契約し、保険料５年分600万円を一括で振り込みました。未経過分は長期前払費用に計上しています。年度末となったため、当期1年分の保険料120万円を費用に計上しました。

● **解説**

契約期間が未到来分の保険料については、長期前払費用として資産に計上します。なお、3年前に保険料を支払ったときの仕訳は以下のようになります。

（借方）保険料　1,200,000　／（貸方）普通預金　6,000,000

（借方）長期前払費用　4,800,000

この問題では、契約期間の到来した当期1年分の保険料について、長期前払費用から保険料に振り替えます。

借方科目	金額	貸方科目	金額
保険料	1,200,000	長期前払費用	1,200,000

6章−21　修繕費の仕訳①

● **問題**

社有車の車検費用15万円を小切手で支払いました。内訳は以下の通りでした。

修繕費用（部品交換等）8万4,000円　自動車重量税16,800円

自賠責保険15,800円　収入印紙代1,000円　事務手数料32,400円

● **解説**

車の車検費用のうち、部品交換などの修理代は修繕費として処理します。残りの費用については、その内容により勘定科目を分類します。パターンをおさえておきましょう。

借方科目	金額	貸方科目	金額
修繕費 租税公課 保険料 支払手数料	84,000 17,800 15,800 32,400	当座預金	150,000

6章−21　修繕費の仕訳②

● **問題**

機械の修理代18万円を現金で支払いました。

● 解説

修繕の内容がその機械の性能を向上させるものかどうかで、機械装置として資産に計上するか修繕費として費用に計上するか判断しなければなりません。ただし、20万円未満の支出であるため、明らかに資産となるようなものでなければ、修繕費に分類して差し支えありません。

借方科目	金額	貸方科目	金額
修繕費	180,000	現金	180,000

6章－21 修繕費の仕訳③

● 問題

事務所建物の改装工事を行い、業者に対して800万円を約束手形で支払いました。うち500万円は非常階段の取り付け費用で、残りは外壁のひび割れなど、原状回復のための支出でした。

● 解説

非常階段の取付けなど、元の資産に機能を付け加えた場合は資本的支出に該当します。資本的支出と判断された場合、元の資産と同じ科目である建物を借方へ計上します。原状回復のための支出は修繕費に該当しますので、残りの300万円は修繕費として計上します。

借方科目	金額	貸方科目	金額
建物 修繕費	5,000,000 3,000,000	支払手形	8,000,000

6章－22 消耗品費の仕訳①

● 問題

コピー用紙を購入し、代金２万円を現金で支払いました。

● 解説

コピー機やFAX、書類の印刷など、さまざまな事務処理に使われるコピー用紙の購入代金は、一般的には消耗品費や事務用品費などの費用科目で処理されます。

借方科目	金額	貸方科目	金額
消耗品費	20,000	現金	20,000

6章－22　消耗品費の仕訳②

● 問題

製品の写真を記録するために、８万円のデジタルカメラを現金で購入しました。

● 解説

少し高額の備品の購入費用の処理については、資産科目である什器備品との区別が難しいところですが、使用期間が１年未満であるものや価格が10万円未満と比較的少額のものについては、消耗品費へ計上し、費用として処理することができます。

借方科目	金額	貸方科目	金額
消耗品費	80,000	現金	80,000

6章－23　寄附金の仕訳①

● 問題

地域の夏祭りへの寄附として、10万円を現金で支払いました。

● 解説

渡したお金は寄附金として計上します。神社へお神酒を購入して渡すなど、物品を渡した場合も同様に寄附金となります。夏祭りにおけるちょうちんに社名を入れてもらうなどの名入れ料であれば、広告宣伝費となります。

借方科目	金額	貸方科目	金額
寄附金	100,000	現金	100,000

6章－23　寄附金の仕訳②

● 問題

当社の本店を置くＡ県の県立高校の水泳部が全国大会へ出場するにあたり、地域貢献の目的で50万円の協賛金を小切手で支払いました。

● 解説

A県に対する地域貢献のための寄附ですから、寄附金に計上します。たとえば社長の息子が通う学校への寄附であれば、個人的な要素が強いため、社長に対する報酬と判断される場合もあります。

借方科目	金額	貸方科目	金額
寄附金	500,000	当座預金	500,000

6章－24 交際費の仕訳①

● 問題

得意先の社長が亡くなったため、葬儀に出席し、香典として2万円の現金を渡しました。

● 解説

得意先への香典や祝金など、事業に関係する冠婚葬祭の支出は交際費になります。同じ香典でも、従業員へ渡す場合には福利厚生費です。

借方科目	金額	貸方科目	金額
交際費	20,000	現金	20,000

6章－24 交際費の仕訳②

● 問題

取引先の担当者をゴルフに招待し、プレー代5万円を現金で支払いました。

● 解説

取引先とのゴルフのプレー代は、交際費として取り扱われます。なお、ゴルフのプレー中の飲食のために支出した金額については、飲食代として区分せずに、ゴルフのプレー代に含めて処理します。

借方科目	金額	貸方科目	金額
交際費	50,000	現金	50,000

6章－24 交際費の仕訳③

● 問題

社内打ち合わせ後に、当社の役員および社員8名が居酒屋で飲食をしました。代金は現金で5万円を支払いました。

● 解説

社内の飲食でも、交際費が発生する場合があります。いわゆる社内接待費と呼ばれます。同じ社内の飲食代でも、打ち合わせを兼ねた軽い食事代であれば会議費、忘年会など社員全員が参加する飲食であれば福利厚生費というように、状況により取扱いが異なります。

借方科目	金額	貸方科目	金額
交際費	50,000	現金	50,000

6章－25 貸倒損失と仕訳

● 問題

取引先が倒産したため、売掛金100万円を貸倒れとして処理しました。なお、貸倒引当金を80万円計上しています。

● 解説

売掛金については、将来金銭を回収できないことが判明したため減少させます。仕訳では資産の減少を表す貸方に売掛金100万円を記載します。また、貸倒れに対応する分だけ過去に計上した貸倒引当金を取り崩します。本問では、売掛金の貸倒れ額100万円よりも貸倒引当金80万円の方が小さいため、貸倒引当金全額を減少させます。貸倒引当金は資産をマイナスする勘定科目ですので、仕訳では借方に貸倒引当金80万円を記載します。過去に計上した貸倒引当金だけでは貸倒れ額100万円に足りないため、差額を当期の損失として認識します。費用（損失）の発生は借方に記入しますので、借方に貸倒損失20万円（=貸倒れ額100万円－貸倒引当金80万円）を記載します。

借方科目	金額	貸方科目	金額
貸倒引当金 貸倒損失	800,000 200,000	売掛金	1,000,000

6章－26 雑費の仕訳①

● 問題

エアコンの清掃を依頼し、料金５万円を現金で支払いました。この費用の処理について、特段に勘定科目を設けていません。

● 解説

特に勘定科目を設定しておらず、かつ重要性が低い費用は雑費で計上します。つまり業種により、雑費の内容も異なってきます。事務所のエアコンやフロアの清掃を業者へ依頼したときの支出は、雑費として取り扱われる場合が多いようです。

借方科目	金額	貸方科目	金額
雑費	50,000	現金	50,000

6章－26 雑費の仕訳②

● 問題

取引先である甲社社長が書いた本が出版されたため、勉強のために２万円分現金で購入し、社内に配布しました。なお、当社では、通常は書籍などの購入費用は発生していないものとします。

● 解説

通常は新聞図書費に分類するところですが、今までも今後も継続して発生するものもなく、少額なものについては雑費に分類して差し支えありません。

借方科目	金額	貸方科目	金額
雑費	20,000	現金	20,000

6章－27 受取利息の仕訳

● 問題

１年満期の定期預金に利息がつき、残高が15,937円増加しました。

● 解説

まず、増加した15,937円を定期預金として借方に計上します。この金額はすでに20.315％の税金が差し引かれていますので、全体から見ると100％－20.315％＝79.685％に相当します。以下の算式で受取利息全体の金額を計算します。

15,937÷79.685%＝20,000

次に、税金の計算をします。源泉所得税は受取利息の15％、道府県民税利子割は５％です。復興特別所得税は、源泉所得税に対してさらに2.1％かかります（受取利息全体の0.315％）。

源泉所得税　20,000×15％＝3,000　　復興特別所得税　3,000×2.1％＝63

道府県民税利子割　20,000×５％＝1,000

法人税の前払いの性質があるため、一般的には法人税等が使われています。租税公課や仮払法人税等を使うケースもあります。

借方科目	金額	貸方科目	金額
定期預金 法人税等（源泉所得税） 法人税等（復興特別所得税） 法人税等（道府県民税利子割）	15,937 3,000 63 1,000	受取利息	20,000

6章－28 受取配当金の仕訳

● 問題

保有する株式の配当金が当座預金へ振り込まれていました。計算書を見ると、内訳は以下の通りでした。

株主配当金200,000円・源泉所得税30,000円・復興特別所得税630円・道府県民税利子割10,000円・振込金額159,370円

● 解説

税金を差し引く前の金額を受取配当金として貸方へ計上します。振込金額は当座預金の増加として借方へ計上します。また、源泉所得税・復興特別所得税・道府県民税利子割分については費用の発生となるため、それぞれ借方へ計上します。源泉徴収された税金は法人税の前払いの性質があるため、一般的には法人税等が使われています。租税公課、仮払法人税等などの科目でもかまいません。

借方科目	金額	貸方科目	金額
当座預金 法人税等（源泉所得税） 法人税等（復興特別所得税） 法人税等（道府県民税利子割）	159,370 30,000 630 10,000	受取配当金	200,000

6章−29 家賃収入と仕訳①

● **問題**

今月分の家賃20万円を現金で受け取りました。

● **解説**

発生した収益は貸方に記入しますので、仕訳の貸方に家賃収入20万円を記載します。また、同額だけ現金を受け取っていますので、資産の増加を表す借方に現金20万円を記載します。

借方科目	金額	貸方科目	金額
現金	200,000	家賃収入	200,000

6章−29 家賃収入と仕訳②

● **問題**

当年度分の家賃50万円を受け取っていないため、決算において未収収益に計上しました。

● **解説**

当年度については、すでに賃貸というサービスを提供済みですので、これにかかる収益、つまり家賃収入50万円を計上します。また、賃貸というサービスを継続的に提供しているものの、すでに提供したサービスの対価（当年度分の家賃）を受け取っていないため、この分を未収収益に計上します。未収収益は資産の勘定科目ですので、資産の増加を表す借方に未収収益50万円を記載します。

借方科目	金額	貸方科目	金額
未収収益	500,000	家賃収入	500,000

6章−30 仕入割引の仕訳

● **問題**

支払期日前に買掛金30万円を普通預金から支払い、1,500円の割引を受けました。

● **解説**

支払期日前に仕入代金を振り込んだため、仕入割引1,500円を受けています。仕入割引は営業外収益ですので、仕訳では収益の発生を表す貸方に仕入割引を記載します。また、仕入代金30万円から仕入割引1,500円を除いた金額を普通預金から支払っていますので、資産の減少を表す貸方に普通預金29万8,500円（＝30万円－1,500円）を記載します。この決済により買掛金が減少していますので、負債の減少を表す借方に買掛金30万円を記載します。

借方科目	金額	貸方科目	金額
買掛金	300,000	普通預金 仕入割引	298,500 1,500

6章－31 雑収入と仕訳①

● 問題

備品を売却し、売却代金として500円を現金で受け取りました。売却した備品は、購入時に消耗品費の勘定科目で処理しています。

● 解説

他に該当する勘定科目もなく、金額的にも重要ではないと判断した場合は、この売却代金を雑収入に含めます。発生した収益は貸方に記入しますので、仕訳の貸方に雑収入500円を記載します。借方には、増加した現金500円を記載します。

借方科目	金額	貸方科目	金額
現金	500	雑収入	500

6章－31 雑収入と仕訳②

● 問題

所得税の還付金1,000円が普通預金に振り込まれました。

● 解説

他に該当する勘定科目もなく、金額的にも重要ではないと判断した場合は、この還付金を雑収入に含めます。収益の発生は貸方に記入しますので、仕訳では貸方に雑収入1,000円を記載します。また、同額だけ普通預金が増加していますので、資産の増加を表す借方に普通預金1,000円を記載します。

借方科目	金額	貸方科目	金額
普通預金	1,000	雑収入	1,000

6章－32 支払利息の仕訳①

● 問題

甲社は乙銀行から事業資金の借入れをしており、毎月返済をしています。当月は、借入金の返済額として20万円が、借入金の利息として２万3000円が当座預金から引き落とされていました。

● 解説

返済により長期借入金が減少しているため、借方に長期借入金を記載します。同時に支払利息も発生しているため、費用の発生を表す借方に記載します。金融機関が発行する返済予定表には、元金・利息の内訳と借入残高が表示されています。借入残高の方も帳簿と一致しているかどうか、確認するようにしましょう。

借方科目	金額	貸方科目	金額
長期借入金 支払利息	200,000 23,000	当座預金	223,000

6章－32 支払利息の仕訳②

● 問題

取引先から運転資金1000万円を借り入れました。元本は１年間据置で、現在利息のみを支払っています。当月は50万円の利息を直接小切手で支払いました。

● 解説

取引先から資金を借り入れる場合もあります。小切手の支払いは当座預金の減少として処理します。

借方科目	金額	貸方科目	金額
支払利息	500,000	当座預金	500,000

6章－33 売上割引の仕訳

● **問題**

入金期日前に売掛金150万円が回収されるため、売掛金から2,000円を割引しました。残りの売掛代金は当座預金に入金されています。

● **解説**

期日前に売掛金を回収できたことから、入金期日までの利息分を売掛代金から割り引いています。売上割引は営業外費用ですので、仕訳では費用の発生を表す借方に売上割引2,000円を記載します。また、売掛代金150万円から売上割引2,000円を差し引いた代金が入金されていますから、資産の増加を表す借方に当座預金149万5000円（＝150万円－2,000円）を記載します。代金の入金とともに売掛金は減少しますので、資産の減少を表す貸方に売掛金150万円を記載します。

借方科目	金額	貸方科目	金額
預金 売上割引	1,498,000 2,000	売掛金	1,500,000

6章－34 雑損失と仕訳①

● **問題**

決算において、現金300円が不足していることが判明しました。原因が不明であったため、この不足分を雑損失として処理しました。

● **解説**

他に該当する勘定科目がなく、金額的にも重要でない営業外の費用については、雑損失に含めることができます。発生した費用（損失）は借方に記入しますので、仕訳では現金不足分300円を雑損失として借方に記載します。また、この分だけ現金が減少していますので、仕訳では資産の減少を表す貸方に現金300円を記載します。

借方科目	金額	貸方科目	金額
雑損失	300	現金	300

6章−34 雑損失と仕訳②

● **問題**

罰金8,000円が課せられたため、普通預金から支払いました。

● **解説**

他に該当する勘定科目がなく、金額的にも重要でない場合は、罰金を雑損失として処理することができます。発生した費用（損失）は借方に記入しますので、仕訳では罰金8,000円を雑損失として借方に記載します。また、同額だけ普通預金が減少していますので、仕訳では資産の減少を表す貸方に普通預金8,000円を記載します。

借方科目	金額	貸方科目	金額
雑損失	8,000	普通預金	8,000

6章−35 特別損益の仕訳①

● **問題**

帳簿価格1000万円の遊休地を1200万円で売却しました。売却の手続きは済ませましたが、代金はまだ振り込まれていません。

● **解説**

使用されていない土地の売却ですから、売却益は特別利益です。代金は受け取っていないので、借方は未収入金となります。

借方科目	金額	貸方科目	金額
未収入金	12,000,000	土地 土地売却益	10,000,000 2,000,000

6章−35 特別損益の仕訳②

● **問題**

倉庫が火災被害にあい、倉庫内の商品1000万円とともに全焼してしまいました。倉庫の帳簿価格は500万円でした。なお、片付けなどに要した費用50万円は現金で支払いました。

● **解説**

災害による損失は、災害損失という科目で処理します。この災害損失は、損益計算書上、特別損失として計上されます。倉庫と商品を失っていますから、資産の減少としてそれぞれ貸方へ記載します。これらの資産の帳簿価額と現金による支出分が災害損失の額ということになります。

借方科目	金額	貸方科目	金額
災害損失	15,500,000	建物 商品 現金	5,000,000 10,000,000 500,000

6章－36 法人税等の仕訳①

● 問題

当期の法人税10万円、法人住民税20万円、事業税５万円でした。

● 解説

法人税、法人住民税、事業税は、合算で法人税等として計上します。申告・納付は決算日の翌日から２か月以内に行うため、当期の法人税等を計算した段階ではまだ納付をしていません。そのため、貸方は未払法人税等となります。なお、法人税等の代わりに「法人税、住民税及び事業税」という科目を使う場合もあります。

借方科目	金額	貸方科目	金額
法人税等	350,000	未払法人税等	350,000

6章－36 法人税等の仕訳②

● 問題

中間申告を行い、法人税７万円と法人住民税10万円を当座預金から納付しました。

● 解説

中間申告による納付税額も、法人税等として計上します。なお、仮払税金などの資産科目に計上し、確定申告の段階で精算する方法もあります。

借方科目	金額	貸方科目	金額
法人税等	170,000	当座預金	170,000

【一目でわかる！ 摘要／勘定科目の対応表】

摘　要	勘定科目（区分）
あ行	
預入れ	当座預金（資産）
預入れ	普通預金（資産）
アルバイト給料○月分	給料（費用）
インターネット使用料	通信費（費用）
椅子（少額消耗品）	消耗品費（費用）
椅子	什器・備品（資産）
祝金　○○氏（取引先）	交際費（費用）
祝金　○○（社員）	福利厚生費（費用）
印刷代	広告宣伝費（費用）
印刷代（インクなど）	事務用品費（費用）
飲食代（取引先との会食）	交際費（費用）
飲食代（打ち合わせ時）	会議費（費用）
飲食代（社内行事等）	福利厚生費（費用）
印紙代	租税公課（費用）
内金入金	前受金（資産）
裏書手形	受取手形（資産）
売上	売上高（収益）
売上（掛け）	売掛金（資産）
売掛金入金	売掛金（資産）
運送料	仕入高·運賃（費用）
延滞税	租税公課（費用）
応接セット	什器・備品（資産）
応接セット（少額消耗品）	消耗品費（費用）
お茶代	福利厚生費（費用）
お茶代	会議費（費用）
か行	
（債権）回収不能額	貸倒損失（費用）
会計ソフト（少額消耗品）	消耗品費（費用）
会計ソフト	ソフトウェア（固定資産）
買掛金支払い	買掛金（負債）
会社設立費用	創立費（資産）
貸倒引当金計上	貸倒引当金（資産マイナス）
貸倒引当金計上	貸倒引当金繰入（費用）
貸倒引当金取り崩し	貸倒引当金戻入（収益）
貸付け	短期貸付金（資産）
貸付け	長期貸付金（資産）
会議資料作成費	会議費（費用）
開業資金	資本金（純資産）
開業費用	開業費（資産）
借入れ	短期借入金（負債）
借入れ	長期借入金（負債）
借入金返済	短期借入金（負債）
借入金返済	長期借入金（負債）
借入金利息	支払利息（費用）
掛け代金入金	売掛金（資産）

摘　要	勘定科目（区分）
掛け代金支払い	買掛金（負債）
書留代	通信費（費用）
加工賃代	外注加工費（費用）
加工賃収入	売上高（収益）
火災保険	保険料（費用）
加算金・加算税	租税公課（費用）
ガス代	水道光熱費（費用）
ガソリン代	消耗品費（費用）
株式購入	有価証券（資産）
株式購入手数料	有価証券（資産）
株式購入（長期保有）	投資有価証券（資産）
株式売却（利益）	（投資）有価証券売却益（収益）
株式売却（損失）	（投資）有価証券売却損（費用）
株式売却手数料	支払手数料（費用）
カタログ代	広告宣伝費（費用）
管理料（不動産）	雑費（費用）
切手代	通信費（費用）
切手代（未使用分）	貯蔵品（資産）
機械購入	機械（資産）
機械リース料	賃借料（費用）
期末商品棚卸し	期末商品棚卸高（売上原価）
期末（期首）商品	商品（資産）
期末（期首）製品	製品（資産）
求人広告	広告宣伝費（費用）

摘　要	勘定科目（区分）
給料○月分	給料（費用）
クリーニング代	雑費（費用）
空調設備	建物付属設備（資産）
蛍光灯代	消耗品費（費用）
携帯電話購入代	消耗品費（費用）
携帯電話通話料	通信費（費用）
経費仮払い	仮払金（資産）
健康診断	福利厚生費（費用）
健康保険料（会社負担）	法定福利費（費用）
健康保険料（本人負担）	預り金（負債）
減価償却	減価償却費（費用）
減価償却	減価償却累計額（負債）
現金過不足（超過）	雑収入（収益）
現金過不足（不足）	雑損失（費用）
原材料費	仕入高（費用）
原材料費（在庫）	材料（資産）
源泉所得税	預り金（負債）
コーヒー代（来客）	会議費（費用）
コーヒー代	福利厚生費（費用）
航空運賃	仕入高・運賃（費用）
航空チケット代	旅費交通費（費用）
航空便（書類など）	通信費（費用）
工場用建物	建物（資産）
厚生年金保険料（会社負担）	法定福利費（費用）

摘　要	勘定科目（区分）
厚生年金保険料（本人負担）	預り金（負債）
香典　（取引先）	交際費（費用）
香典（社内）	福利厚生費（費用）
公認会計士顧問料	支払手数料（費用）
小切手振出し	当座預金（資産）
小切手受け取り	現金（資産）
小切手帳	事務用品費（費用）
国債購入費用	有価証券（資産）
国債購入費用（長期保有）	投資有価証券（資産）
国債売却（利益）	（投資）有価証券売却益（収益）
国債売却（損失）	（投資）有価証券売却損（費用）
コンピューター使用料	賃借料（費用）
ゴミ袋	消耗品費（費用）
ゴミ処理代	雑費（費用）
さ行	
財形貯蓄	預り金（流動負債）
雑誌代	新聞図書費（費用）
残業代	給料（費用）
仕入れ	仕入高（費用）
仕入れ（掛け）	買掛金（負債）
仕掛品計上	仕掛品（資産）
試供品	広告宣伝費（費用）
消耗品	消耗品費（費用）
新聞代	新聞図書費（費用）

摘　要	勘定科目（区分）
賞与	賞与手当（費用）
住民税	預り金（負債）
事業税	法人税等（費用）
事業所税	租税公課（費用）
自動車税	租税公課（費用）
自動車保険	保険料（費用）
児童手当拠出金	法定福利費（費用）
支払代金（仕入以外）	未払金（負債）
事務所用建物	建物（資産）
事務所家賃	賃借料（費用）
敷金支払い	敷金（資産）
車検費用	修繕費（費用）
車両購入費用	車両（資産）
出産祝い（取引先）	交際費（費用）
出産祝い（社内）	福利厚生費（費用）
出張手当	旅費交通費（費用）
出張代	旅費交通費（費用）
社会保険料（本人）	預り金（負債）
社会保険料（会社負担）	法定福利費（費用）
社会保険労務士手数料	支払手数料（費用）
司法書士手数料	支払手数料（費用）
収入印紙	租税公課（費用）
収入印紙（未使用分）	貯蔵品（資産）
宿泊代	旅費交通費（費用）

摘　要	勘定科目（区分）
修理代	修繕費（費用）
消費税（中間・確定）	租税公課（費用）
消費税（中間・確定）	未払消費税等（負債）
消費税（税抜経理）	仮払（仮受）消費税等（資産・負債）
照明器具（少額消耗品）	消耗品費（費用）
照明器具	什器・備品（資産）
書籍購入代	新聞図書費（費用）
水道代	水道光熱費（費用）
清掃代	雑費（費用）
制服代	福利厚生費（費用）
歳暮	交際費（費用）
生命保険料	保険料（費用）
税理士顧問料	支払手数料（費用）
前期末商品繰り越し	期首商品棚卸高（売上原価）
洗車代	雑費（費用）
倉庫取得費	建物（資産）
倉庫使用料	賃借料（費用）
損害保険料	保険料（費用）
速達代	通信費（費用）
た行	
宅配料金	運賃（費用）
タクシー代	旅費交通費（費用）
タクシー代（取引先飲食後）	交際費（費用）
棚（少額消耗品）	消耗品費（費用）
棚	什器・備品（資産）
ダイレクトメール製作費	広告宣伝費（費用）
段ボール	消耗品費（費用）
茶菓子（来客時）	会議費（費用）
駐車場代	賃借料（費用）
仲介手数料	支払手数料（費用）
中元費用	交際費（費用）
町内会費	諸会費（費用）
チラシ制作費用	広告宣伝費（費用）
机（少額消耗品）	消耗品費（費用）
机	什器・備品（資産）
手形受け取り	受取手形（資産）
手形振出し	支払手形（負債）
手形帳	事務用品費（費用）
手形割引	割引手形（負債）
手形の割引料	手形売却損（費用）
手形裏書	裏書手形（負債）
手付金	前渡金（資産）
手付金の受け取り	前受金（負債）
店舗	建物（資産）
店舗使用料	賃借料（費用）
電球	消耗品費（費用）
電気設備	建物付属設備（資産）

摘　要	勘定科目（区分）
電気代	水道光熱費（費用）
電池代	消耗品費（費用）
伝票購入	事務用品費（費用）
電報代	通信費（費用）
電話代	通信費（費用）
トイレットペーパー	消耗品費（費用）
灯油代	水道光熱費（費用）
登録免許税	租税公課（費用）
時計（少額消耗品）	消耗品費（費用）
時計	什器・備品（資産）
特許料	特許権（資産）
特許出願料	特許権（資産）
特許登録費用	特許権（資産）
特許権購入	特許権（資産）
土地購入	土地（資産）
トナー代	事務用品費（費用）
トラック	車両・運搬具（資産）
な行	
日当（出張時）	旅費交通費（費用）
荷造費用	運賃（費用）
のれん	のれん・営業権（資産）
は行	
売却代金（売上以外）	未収入金（資産）
パソコン（少額消耗品）	消耗品費（費用）

摘　要	勘定科目（区分）
パソコン	什器・備品（資産）
パッケージソフト（少額消耗品）	消耗品費（費用）
パッケージソフト	ソフトウェア（資産）
ハガキ代	通信費（費用）
配当受け取り	受取配当金（収益）
ビル管理費	雑費（費用）
引取運賃（資産）	資産の名称（資産）
引取運賃（商品）	仕入高（費用）
引取運賃	運賃（費用）
備品購入（少額消耗品）	消耗品費（費用）
備品購入	什器・備品（資産）
文具代	事務用品費（費用）
ファックス通信料	通信費（費用）
プリンター（少額消耗品）	消耗品費（費用）
プリンター	什器・備品（資産）
複合機（少額消耗品）	消耗品費（費用）
複合機	什器・備品（資産）
複合機リース代	賃借料（費用）
不動産取得税	租税公課（費用）
振込手数料	支払手数料（費用）
不渡手形	不渡手形（資産）
部品代	消耗品費（費用）
弁護士顧問料	支払手数料（費用）

摘　要	勘定科目（区分）
弁当代（会議）	会議費（費用）
法人税（確定）	法人税等（費用）
法人税（確定）	未払法人税等（負債）
法人住民税	法人税等（費用）
忘年会費用	福利厚生費（費用）
包装資材	消耗品費（費用）
ホームページ製作費	広告宣伝費（費用）
保険料	保険料（費用）
ボイラー	建物付属設備（資産）
保守点検費用	修繕費（費用）
保証料	支払手数料（費用）
保証料（翌期以降分）	前払費用・長期前払費用
保証金（返還されない）	保証金（資産）
ま行	
前払い金	前渡金（資産）
前払い金（建物）	建設仮勘定（資産）
名刺	事務用品費（費用）
メンテナンス代	修繕費（費用）
や行	
役員報酬	役員報酬（費用）
家賃	賃借料（費用）
家賃の受け取り	家賃収入（収益）
郵便代	通信費（費用）
郵便小包	運賃（費用）
郵便為替証書	現金（資産）
用紙代	事務用品費（費用）
預金利息	受取利息（収益）
ら行	
リース料	賃借料（費用）
リース料（資産計上）	リース資産（資産）
リース料（資産）の支払	リース債務（負債）
冷蔵庫（少額消耗品）	消耗品費（費用）
冷蔵庫	什器・備品（資産）
冷暖房（少額消耗品）	消耗品費（費用）
冷暖房	建物付属設備（資産）
労災保険料	法定福利費（費用）
その他	
EMS（国際スピード郵便）代	通信費（費用）
EMS 代（小包）	運賃（費用）
LAN 環境設備（少額消耗品）	消耗品費（費用）
LAN 環境設備	什器・備品（資産）

【監修者紹介】

三好　和紗（みよし　なぎさ）

公認会計士。東京大学経済学部卒業。新日本有限責任監査法人勤務を経て、独立開業。監査法人時代は、年間売上高数兆円レベルの会社まで様々な規模・業種の会計監査・内部統制監査を経験した他、国際会計基準導入支援などの業務にも従事した。現在は、法人、個人の会計・税務支援などを行っている。
その他、naggie のクリエイター名で LINE のスタンプも発売している。
監修書に『投資家のための　図解　はじめての決算書・税金・法律入門』『入門図解　法人税のしくみと手続き』（小社刊）がある。

すぐに役立つ
仕訳と勘定科目の基本と実践トレーニング 151

2015年10月10日　第１刷発行

監修者　三好《みよし》和紗《なぎさ》
発行者　前田俊秀
発行所　株式会社三修社
〒150-0001　東京都渋谷区神宮前2-2-22
TEL　03-3405-4511　FAX　03-3405-4522
振替　00190-9-72758
http://www.sanshusha.co.jp
編集担当　北村英治
印刷・製本　萩原印刷株式会社

ISBN978-4-384-04657-1 C2032